伟大的抗美援朝精神跨越时空、历久弥新

# 跨过鸭绿江

## ——洪学智朝鲜战场纪实

张子影 著

人民出版社

# 目 录 CONTENTS

2 / 对方没有任何标识的军服和手中五花八门的武器,让他们一时无法确认这些军人的出处。只是当看到一个面孔白净的小个子军人腰间裹着的一面鲜红的红旗时(为了保密旗帜一律不准打开),才恍然大悟,是中国人参战了。自己不幸或者说有幸成为中国军人的第一批俘虏。

3 / 39军多少有些激动地将美军"王牌师"的情况报告到了司令部,洪学智把电报接过来看了一眼,递到邓华手中,朗声说了句:"来得好啊,我们打的就是他这个王牌师!"

## 第三章 "你是一个好人呐!"

1 / 话音未落,一串黑乎乎的东西从天而降,落地后,一串冲天的烟雾腾空而起。

2 / 洪学智用明亮的眼睛看着梁兴初:"你梁兴初的脾气我了解,这次没打好,下次好好打!"

3 / 不知过了多久,突然,彭德怀一把抓着洪学智的手,激动地说:"洪大个儿,我看你这个人还是个好人呐!"

4 / 彭德怀提起毛笔,饱蘸浓墨,在电报稿的最后又加了几个酣畅淋漓的大字:"38军万岁!"

## 第四章 "保供应就是保胜利!"

1 / 洪学智一开口就直奔主题:"老总,关于部队的后勤供应和保障问题,我认为很需要好好理一理思路。"

2 / "保供应就是保胜利。"

3 / 彭德怀说:"洪学智这个人,说话还是有点准头儿,还是信得着的。"

# 第一章

## "这一趟火车坐的——"

**1. 邓华凑近了些，神秘兮兮地说："老哥，你来得好呀，来得非常及时呀！"**

1950 年 8 月 9 日，前门车站。

一列从广州到达北京的列车徐徐进站，洪学智从拥挤的列车上下来，刚一踏上站台，热浪"呼"地扑面而来。天气酷热，在车厢里晃荡了几天几夜，没有水洗澡，他生了一身大白疱子疮。本以为到站下车了会敞亮爽快些，结果这车站更是闷得像个蒸笼，又热得他满头大汗。正是盛夏，骄阳如火，身上的疱疮被汗水一浸，又痒又疼，弄得他十分恼火。

洪学智这次是奉了时任军委副总参谋长、广东军区司令员兼政委叶剑英的命令，来北京向中央军委请示新换番号的 15 兵团与广东军区合并中存在的问题。

洪学智正在站台上擦着不断冒出的汗水，忽然听见一个熟悉的声音大声地喊着："老哥——"

听着这个声音，洪学智转头一看，咧着大嘴笑起来：只见邓华一溜小跑地挥着手过来。

邓华是湖南省郴州人，1928年1月就参加了湘南起义，他与洪学智是老战友、老伙计了。解放战争初期两人一起在辽北军区工作，邓是军区司令员，洪是副司令员；在东北野战军时，邓洪二人又分别担任第7、第6纵队司令员；随后人民解放军第四野战军南下，在江西九江成立15兵团，邓任司令员，洪任第一副司令员兼参谋长。新中国成立后，邓与洪分别出任广东军区第一副司令员、副司令员，二人并肩作战，共同参与指挥渡海作战，取得解放海南岛战役的重大胜利。

"老哥"本来是湖南人对比自己年长些的兄长的一种亲切尊敬的称呼，邓华出生于1910年，比洪学智年纪略长，但是，邓华对洪学智一直很尊重，在长期的革命工作中，邓华与洪学智二人并肩战斗，情谊深厚，亲密无间，所以在非正式场合，邓华一直称洪学智为"老哥"。

两位老战友见面，亲切拥抱，彼此哈哈大笑。

洪学智问："老伙计，你不是到东北去了吗？不是说任务十分紧急吗？怎么还在这儿泡蘑菇呢？"

邓华眨着眼睛微笑着说:"这就要走,只是还有件事情没办妥。"

洪学智向邓华身后看看,邓华身后几米处停着一辆美式吉普车,司机端坐在驾驶室,并没有见到其他人,就问:"你不会是专程到车站来接我的吧?"

邓华一拍手:"可不就是专程来接你的。"

邓华凑近了些,神秘兮兮地说:"老哥,你来得好呀,来得非常及时呀!"

洪学智纳闷了:"有什么事情吗?怎么了?"

邓华拉着洪学智走向那辆美式吉普车,边上车边说:"当然是有很重要的事情。"

洪学智看着邓华神秘的样子,点点头说:"我明白了,朝鲜形势紧张。"

邓华的眼睛赞许地看着洪学智,嘴上却说:"现在还不能泄露,一会儿到了你就知道了。林副主席会同你谈。"

林彪此时已从四野调到中央军委工作。


吉普车穿过长安街后,东拐西拐,正午时分,进了一处绿树林荫的小院。

卫兵打开大门,车子一直开进去。进了院子,邓华与洪学智下了车,秘书已经迎过来,带着他们进了其中的一间屋子。

屋内，林彪在饭桌前坐着，见到邓、洪进来，林彪指指桌子说："来了，好。坐下，吃饭。"

午饭已摆到了桌上，是米饭和几盘简单的小菜。

林彪端起碗，直奔主题："洪学智同志，已经确定了，你到东北去。马上就走。"

洪学智很意外。

林彪简要介绍了情况：13兵团已在鸭绿江边布防。这些都是四野的老部队，邓华今天就要出发去朝鲜了解作战情况。所以洪学智必须马上到位，去东北指挥管理部队。现在的13兵团是与15兵团对调，机关都是原15兵团机关的原班人马，洪学智很熟悉，这也是军委为什么派洪学智去东北的原因。

邓华说："老哥，快吃，吃完饭，我们一块走。"

洪学智有点急，他是个耿直的人，立刻放下碗说："我是共产党员，如果组织上需要我，我就服从命令。可我这次来京的任务，是奉叶参座的命令向军委请示新的15兵团与军区合并的问题的。还有一些别的问题，叶参座还等着回话呢！我是不是回去汇报一下再去东北呢？"

林彪面无表情地说："不行，来不及了。现在朝鲜战局很紧张，加强东北边防的任务很急，叶司令交给你的任务，你打电话或者写封信和他说一下，让他另选人接管你的工作。"

洪学智说："我一点思想准备也没有，连换洗衣服也没带，怎么也得回去拿几件换洗衣服吧？我现在还长了一身大疱疮，也得回去治治呀！"他这样说的意思，其实还是想回去向叶剑英司令员汇报一下。

林彪说："那没关系，衣服你到东北去找吧，大疱疮你也到那边去治吧！"

邓华笑着说："对对，林副主席，不能让洪学智回去，他一回去，叶司令说工作离不开，把他硬扣住不让回来怎么办？"

洪学智笑起来："不会的，怎么会呢？"

邓华叫起来："反正我今天截下你，你就别想回去，什么也别说了，老老实实地和我一起去东北吧！"

没办法，洪学智只好站起身，用林彪办公室的电话给叶剑英挂了电话，在电话中，说明情况。叶剑英一听就急了，电话里的声音也高了："怎么回事儿，洪大个儿，是你自己要求的吧？"

洪学智手里拿着电话，眼睛看着邓华说："当然不是，是邓华在火车站把我截下了，车子直接送林副主席这里来了，是中央军委早就研究好了的。"

邓华在一旁得意地眨着眼睛。

叶剑英声音低了些说："这样……你先回来再说。"

林彪的秘书适时地进来，站在一旁说："邓副司令、洪副司令，二位首长该出发了，中午一点的火车票，车在门口备好了。"

电话那边叶剑英沉吟了片刻："既然军委已经作出了决定，

那你就去吧。"停了片刻，洪学智听到叶剑英咕噜了一句，"早知这样，我就不让你去北京了。这怎么办，我这儿这么多事，我上哪儿找你这样的人去？"

放下电话，邓华拉着洪学智又上了那辆吉普车，车子原路返回，又到了前门火车站。二人刚上车，列车就响着高亢的汽笛开

1950年8月上旬，洪学智奉命到北京向中央军委汇报工作，火车一到前门站被通知去东北任13兵团副司令员。同日他与邓华从前门火车站坐火车去丹东。图为当年的北京前门火车站。

动了。

洪学智事后得知，在他离京的当天，林彪就调他去东北的问题还给当时的代总长聂荣臻写了信：

聂总：

本日我已在电话中与谭政同志商量，他对洪学智去东北无意见，只洪本人同意即行。洪同意去东北任13兵团副司令职务，本晚即随邓华去东北开会。现在须请军委正式任命洪的职务（13兵团第一副司令），并任命方强接替洪学智为广东军区副司令和南海舰队司令。此任命电令请嘱军委办公厅下达。并要方强即动身来北京开海军会议。

此致

林彪

八月九日

当天下午1点多钟，洪学智和邓华登上了开往东北的火车，二人同在一个卧铺包厢。

因为成功地"拦截"到了洪学智，邓华很高兴，爱唱京戏的他一上了车就开始哼哼。

洪学智对邓华说："老伙计，没有想到你对我搞突然袭击，事先连个电话也不打，我一点思想准备也没有，什么日常用品都没有带。"

洪学智解开上衣，对他的老战友露出一截光溜溜的肩膀说："你看你看，我从广州过来，一路热得很，我满身都长了大疱疮呢！"邓华笑着说："我不搞突然袭击，如果事先通知你，叶参座就不会让你来了。身上长的大疱疮，到了东北天气凉爽很快就会好。至于日常用品和换洗衣服，到沈阳我负责给你弄去。"

邓华压低了声音说："老哥，老实告诉你吧，是我向中央军委和毛主席建议调你来兵团的。军委首长同意了。我打电话给赖传珠政委，他也赞同我的意见，是他告诉我说，你洪麻子近日就来北京汇报工作。哈，你看，我要找你，你自己送上门来了。你来了，我就放心了。"

洪学智兴奋起来："到朝鲜去打仗，我当然很愿意去。"

## 2. 全中国人民和全世界人民"将既不接受帝国主义的利诱，也不怕帝国主义的威胁！"

朝鲜半岛地幅狭长，全境除西部海岸的小块平原之外，基本为山地，整个地势北高南低，东起西落。半岛河流众多，与中国的边界有鸭绿江，与中国和苏联的边界有图们江。

1950年6月25日晨，南北朝鲜长期小规模的武装冲突和摩擦，终于发生了质变，大规模内战全面爆发。在战争开始的第一个星期内，南朝鲜军队遭受了44000人的巨大伤亡（包括死亡、受伤、被俘和逃跑的人员在内），几乎损失了总兵力的一半。

6月27日晚间，第一批美国作战飞机飞临朝鲜上空。6月28日上午，更多的美国飞机蜂拥而至，对朝鲜三八线以南地区朝鲜人民军占领的目标狂轰滥炸，甚至动用了B-29型战略轰炸机执行战术攻击任务，不管发现的是军用目标还是民用目标，一律予以攻击。此时，第7舰队的舰船也已开进台湾海峡。

同日，中华人民共和国中央人民政府主席毛泽东在中央人民政府委员会第八次会议上发表重要讲话，严正指出，全世界各国的事情应由各国人民自己来管，坚决反对美国政府干涉朝鲜内政和侵略中国领土台湾，全中国人民和全世界人民"将既不接受帝国主义的利诱，也不怕帝国主义的威胁"。毛泽东主席号召"全国和全世界人民团结起来，进行充分的准备，打败美帝国主义的挑衅"。

美国总统杜鲁门下令将美国驻日本的地面部队投入侵朝战争。6月30日傍晚，驻守在日本的美军第24步兵师某营的几百名军人收到了一条令人沮丧的消息。他们受命立即收拾好自己的装备，向南朝鲜进发。后来以其营长的名字被称作"史密斯特遣队"的这些人成为进入朝鲜战场的第一批美国军人。

7月1日上午11时，"史密斯特遣队"乘坐的飞机在朝鲜南部的釜山空军基地降落，并随即被车运至汉城以南的乌山。美国

9

全面入侵朝鲜的行动由此展开。

7日，联合国安理会在苏联代表缺席的情况下，通过干涉朝鲜内战的决议并组成"联合国军"。8日，美国总统杜鲁门任命正在日本东京的美国远东军司令麦克阿瑟为"联合国军总司令"。

参加"联合国军"的国家除美国外，还有英国、澳大利亚、荷兰、新西兰、加拿大、法国、菲律宾、土耳其、泰国、南非、希腊、比利时、卢森堡、哥伦比亚、埃塞俄比亚等。"联合国军"总部设在日本的美国远东军总部内，由远东军总部行使"联合国军"总部的权力。

之前，麦克阿瑟在得到即将向北朝鲜发起进攻的消息后，曾对著名共和党领导人约翰·福斯特·杜勒斯吹嘘过一句话，他说："只要华盛顿不限制我的行动，我用一只胳膊就可以解决朝鲜问题。"

美国著名战将麦克阿瑟素有"战刀"之称，他曾在第二次世界大战的太平洋战场上所向披靡，把自己快速而锋利的"战刀"绰号的含义发挥得淋漓尽致。现在，他又准备在朝鲜半岛上亮出自己曾震撼世界的战刀。

7月7日这一天，在北京的周恩来总理主持召开讨论保卫国防问题的第一次会议。10日，又召开第二次会议。会后，周恩来致电时任中共中央东北局书记、东北军区司令员兼政治委员的高岗：为加强东北边防准备，军委已决定13兵团及第42军与炮兵第一、第二、第八 3 个师等调至东北本溪至安东 (丹东) 、通化至辑安 (集安) 线集结待命, 请令东北之兵工厂根据战争的要求对上述各部需要修理的火炮准予提前修理。

7 月 13 日, 中央军委作出了《关于保卫东北边防的决定》。该决定确定: (一) 抽调第 13 兵团第 38、第 39、第 40 和第 42 军,

1950 年 6 月 28 日, 中央人民政府委员会第八次会议召开, 强烈谴责美国侵略中国的罪行, 毛泽东主席发表讲话指出, 帝国主义是外强中干的, 因为它没有人民的支持, 全国和全世界的人民团结起来, 进行充分的准备, 打败美帝国主义的任何挑衅。

炮兵第一、第二、第八师及高射炮兵、工兵运输兵等各一部，共25万余人，组成东北边防军。（二）以粟裕为东北边防军司令员兼政治委员，肖劲光为副司令员，肖华为副政治委员，李聚奎为后勤司令员。（三）以第15兵团领导机关为基础组成第13兵团领导机关，以邓华为司令员，赖传珠为政治委员，解方（解沛然）为参谋长，杜平为政治部主任。周恩来将该决定呈报毛泽东审查并函告起草简况。毛泽东当日批示："照此执行。"

东北边防军组成之后，8月4日，中共中央政治局召开会议，毛泽东指出：如果美帝得胜，就会得意，就会威胁我们，甚至挑衅。因此，对朝鲜不能不帮，必须帮助，时机还须选择，我们不能不有所准备。8月5日，毛泽东以中央军委名义致电东北军区司令员兼政治委员高岗："应准备于9月上旬能作战。"

列车靠站的巨大一声震响，将洪学智惊醒，起身看去已经是夜色阑珊的深夜。火车到了沈阳。此时中央已确定东北边防的一切问题由东北军区司令员兼政委高岗具体负责解决。邓华和洪学智到沈阳找高岗请示有关东北边防军的一些问题。

他们住进了大和旅馆。听名字就知道这是过去日本人修建的，现在叫辽宁宾馆。洪学智进了房间先去洗了个澡，换过衣服再走出来时，整个人都觉得清爽了。沈阳的天气比广州凉爽得多。

当天晚上，高岗和东北军区副司令员贺晋年到宾馆来看邓华和洪学智。邓华、洪学智过去在东北时见过高岗。贺晋年是原15兵团副司令，刚调东北军区工作。

8月11日，第13兵团第1次军事会议在沈阳的辽宁宾馆召开。

兵团司令员邓华主持会议。

参加会议的有副司令员洪学智，第38军军长梁兴初、政委刘西元，第39军军长吴信泉、政委徐斌洲，第40军军长温玉成、政委袁升平，炮兵副司令员匡裕民、政委邱创成。此外，还有东北局书记、东北军区司令员兼政委高岗，副司令员兼参谋长贺晋年，东北边防军副司令员肖劲光和副政委肖华。

会上，邓华首先宣布：中央军委任命洪学智为第13兵团副司令员。

洪学智站起他高大的身躯，向大家敬了一个礼。众人热烈鼓掌欢迎。

会议用了两天时间先听取汇报，主要是关于部队的人员武器装备、干部调配、物资补充及运输、战术技术水平和军事训练、思想动态等情况。

8月13日，东北边防军在东北军区司令员兼政委高岗的主持下召开师以上干部会议，研究当前形势和将来同美军作战的问题。会上，高岗、肖劲光、肖华、邓华和贺晋年讲了话。会议

认为目前能够获胜的条件主要有四：一是军队数量占优势；二是部队质量特别是士气占优势；三是供应线敌远我近，我们在后勤保障上占优势；四是正义在中国一边，世界人民的同情在中国一边。后来的战争进程证明这些分析大都是正确的，只有第三条远远超出了预期——后勤方面在志愿军开战后不仅不占优势，反而成为抗美援朝战场上最为薄弱的环节。后来的军事和后勤专家分析，出现这种问题并不奇怪：由工农红军发展成长起来的中国人民解放军刚刚经历过艰苦卓绝的解放战争，完全缺乏现代战争条件下实行后勤保障的经验，对于敌人强大的空中力量对后方运输可能造成的严重破坏估计不足。

在沈阳停了三五天后，赖传珠政委率领的兵团机关、直属队已到安东（今丹东）集中。邓华和洪学智也很快到了安东，住在了镇江山（今锦江山）下。

**3.** 安东背山面江，城市不大但风景秀丽，与对岸的朝鲜一江之隔，江面最窄处只有 100 多米，但这座小巧而美丽的城市却很快就要被战火撕破宁静。

安东背山面江，城市不大但却风景秀丽，与对岸的朝鲜一江之隔，江面最窄处只有 100 多米，但这座小巧而美丽的城市却很快就要被战火撕破宁静。

镇江山海拔并不太高，山体起伏翠色连绵。山下有 4 座小楼依坡势而建，漂亮精致。洪学智和赖传珠住在前面的两座楼内，邓华住在了后一座楼里，另外空了的一座，不久彭德怀总司令到来后入住了。

小楼前后中间还有几排平房，安排了兵团参谋长解方和兵团司令部机关。兵团政治部主任杜平和兵团政治部住在了山的另一面。解方原来是 12 兵团参谋长，杜平原来是四野政治部组织部部长。

13 兵团所属 39 军、40 军驻在安东、宽甸地区，38 军驻在通化，42 军驻在辑安（今集安），以后又配属了 50 军，还有炮一、炮二、炮八 3 个炮兵师、两个工兵团，实力很强。

朝鲜人民军在第一、第二次战役中，虽然给予南朝鲜军沉重打击，但并没有大量歼灭美军和南朝鲜军的有生力量，在整个战线上形成了平推的状况。随后发起的第三次战役，南朝鲜军队依托有利地形，在美军飞机的支援下，拼死固守，不断反击，双方形成了拉锯战状态。

美国为挽救在朝鲜半岛的败局，经过精心策划和准备之后，于 9 月 15 日凌晨 6 点 30 分，由"联合国军"总司令麦克阿瑟坐镇指挥，在朝鲜西海岸的仁川实行登陆作战。至 9 月 16 日清晨，美军攻占仁川市。战后，李奇微称，这次作战行动的成功、大胆、锐势和艺术，在"军事史上都是突出的"。以美军仁川登陆为开端，美军和南朝鲜军转入全面反攻。

这是一场之前被麦克阿瑟称为5000∶1的赌博，他曾对那些认为选择在仁川登陆是疯狂自杀的将领们说，下5个美元的赌注，我就有机会赢得2.5万美元。他声称，敌人不投降，我就视为整个朝鲜是向我们的军事行动敞开着的。

战场形势瞬间逆转。《人民日报》在社论中指出，美国在完成了对朝鲜的侵略以后，它就能把匕首戳进中国的胸膛。

1950年9月30日，周恩来在庆祝首届国庆节的活动上发表讲话，紧跟庆祝词的是严重的警告：中国人民绝不能容忍外国的侵略！也决不能听任美帝国主义对自己邻人肆意侵略而置之不理。

美国华盛顿对中国这个刚建国一年的新生国家不以为然。早在8月中旬美军在仁川登陆之后，远东司令部的军事情报部门就已经得到消息：到8月底，中国人民解放军在满洲的正规部队已增至24.6万人，到9月21日，这个数字达到45万人。但五角大楼并不相信刚刚建立起自己共和国的这个红色中国可能会进行干预。参谋长联合会议公然电告麦克阿瑟：在你今后采取行动的过程中，没有必要再做解释和声明，一切服从作战需要。

10月1日，正当中国的党和国家领导人站在天安门城楼与全国人民一道共同庆祝新中国成立一周年的时候，东京广播电台正通过空中电波播出麦克阿瑟向北朝鲜军队的统帅金日成发出的投降敦促书。从9月30日开始，大批南朝鲜军队已陆续越过三八线进入北朝鲜，疯狂北犯。在战场上占了上风的南朝鲜总统李承晚对他的将领们说，三八线这条线只是地图上的，实际上根本不存在。

10月1日夜，金日成紧急召见中国驻朝鲜大使倪志亮和政务参赞柴军武，正式向中国方面提出关于中国紧急出兵援助朝鲜的请求。

10月2日凌晨2时，毛泽东起草电报，以中央军委名义发给东北军区司令员兼政治委员高岗和边防军第13兵团司令员兼政治委员邓华，电报要求："（一）请高岗同志接电后即动身来京开会；（二）请邓华同志令边防军提前结束准备工作，随时待命出动，按原定计划与新的敌人作战；（三）请邓将准备情况及是否可以立即出动即行电告。"

这一天，根据朝鲜劳动党中央政治局的决定，劳动党中央常务委员、内务相朴一禹携带由金日成、朴宪永联合签名的求援信函，悄悄来到中国安东。

朴一禹曾在中国工作过，中国话讲得相当好。他介绍了朝鲜人民军与美军、南朝鲜军作战的情况后说，他只能讲些大概，具体的战局变化难以掌握。朴一禹代表朝鲜党和政府恳切地提出请求，请中国出兵支援。

*17*

邓华、赖传珠、洪学智、解方、杜平立刻开会（韩先楚此时已被任命为13兵团副司令员，尚未就职），马上把情况向毛主席和党中央作了详细报告。然后他们又对朝鲜的战局和美军的动向进行了认真的分析和研究。大家判断美军登陆后，会继续北犯，把战火烧到鸭绿江边，直接威胁中国的安全。如果党中央决定出兵支援朝鲜，这个任务一定会由13兵团来承担。因此，大家又进一步分析了美军的特点和我军的情况，研究了战前的各项准备工作，以便一声令下，立即出动。

18

1949年11月11日，洪学智在庆祝广州解放大会上。前排左起：洪学智、邓华、叶剑英、陈赓。

10 月 3 日，朴一禹化名张一杜，由周恩来派飞机接到北京，他把金日成和朴宪永写的求援信，当面呈交毛泽东主席。

这一晚，在一支接一支地燃起的浓浓烟雾中，毛泽东来回踱步，度过了一个漫长的不眠之夜。

10 月 4 日，一架专机从中国西部的西安机场起飞，时任西北军政委员会主席的彭德怀接到了紧急赴京开会的通知，以为是讨论战后建设问题，于是他带着三年经济恢复规划上了飞机。

4 日下午 4 点多，彭德怀赶到北京中南海，中央政治局正在讨论援助朝鲜出兵问题。当天下午的会上，彭德怀并没有发言。散会后，中央办公厅的同志把他送到北京饭店。在柔软的沙发床上彭德怀辗转反侧，后来他干脆将床褥丢在地毯上，但还是睡不着。

10 月 4 日，毛泽东主持召开中共中央政治局会议，讨论出兵援助朝鲜问题。10 月 5 日中央政治局作出了抗美援朝、保家卫国的战略决策。中共中央决定，立即组成中国人民志愿军，向朝鲜境内出动，协助朝鲜同志，抗击美国侵略，争取反侵略战争的胜利。由彭德怀出任中国人民志愿军司令员兼政治委员，挂帅出征。

许多年后，因受迫害而身陷囹圄的彭德怀在他的自传性"检讨材料"中，回忆这一段，是这样说的：

当晚怎么也睡不着，我以为是沙发床，此福受不了，搬在地毯上，也睡不着。想着美国占领朝鲜与我隔江相望，威胁我东北；又控制我台湾，威胁我上海、华东。它要发动侵华战争，随时都可以找到借口。老虎总是要吃人的，什么时候吃，决定于老虎的肠胃，向老虎让步是不行的。它既然要来侵略，我就要反侵略。不同美帝国主义见过高低，我们要建设社会主义是困难的。如果美国决心同我作战，它利速决，我利长期；它利正规战，我利于对付日本那一套。我有全国政权，有苏联援助，比抗日战争时期要有利得多。为本国建设前途来想，也应该出兵。出兵援朝是正确的，是必要的，是英明的决策，而且是迫不及待的。我想通了，拥护主席这一英明决策。

第二天下午，中央又在颐年堂开会，在其他同志发言后，我讲了几句：'出兵朝鲜是必要的，打烂了，等于解放战争晚胜利几年。如果美军摆在鸭绿江岸和台湾，它要发动侵略战争，随时都可以找到借口。'主席决定我去朝鲜，我也没有推诿。

10月7日晚，毛泽东在北京中南海为彭德怀举行家宴，家宴上毛泽东举起酒杯。他曾经写诗赞扬这位战将："谁敢横刀立马，唯我彭大将军"。现在，又到彭大将军横刀立马的时候了。

洪学智和邓华来到江边。这是傍晚时分，天刚黑，西边的天尽头还有些许微弱的红霞。他们背山临江而立，看着眼前的一带江水和缓流淌，对岸的朝鲜清晰可见。人们很难想象，一触即发的战事就近在眼前。

从南面忽然传来了嗡嗡嗡的声响，声音越来越大，眨眼间，天上出现了一大片黑点。邓华猛地叫了一声："飞机，美国飞机！"

一大片飞机，有几十架，有大型 B-29 式，也有稍小一点的野马式，好像雀子似的，在天空中密密麻麻地排了好几层。

"快跑——"洪学智拉着邓华，两人跑出开阔地，刚刚隐身在一处山坳处，身后传来连续震撼的声音，美军飞机甩炸弹了，炸弹落在与安东隔江相望的朝鲜边城新义州城里。随着轰轰隆隆的巨响，他们眼看着新义州方向一片火海，火海上空又升腾起一片浓烈的烟云。第二天天一亮，他们登上镇江山再看时，新义州已变为一片废墟。

虽然，安东还是安静的，连接新义州和安东这两个城市的鸭绿江大桥也还安稳地横在江上，美国人还没有正式向中国开战，但是，他们的挑衅和狂妄之心已经昭然若揭。

望着尚在燃烧的新义州，洪学智明白，即将出征的时间就要到了。

10 月 8 日，毛泽东以中国人民革命军事委员会主席的名义

21

签署了命令。命令于 10 月 8 日 14 时前发至东北军区和第 13 兵团，随后加发各中央局、分局和各大军区。毛泽东以无产阶级政治家的宏大胆魄发布了这一庄严的命令。尽管这一命令当时是保密的，但在历史上，它留下了堪称惊心动魄的一页。

清晨，洪学智正在对着地图思忖着朝鲜战场的形势，邓华从外面急步走进，大叫："老哥，老哥，中央来电报了，任命彭总当我们的司令兼政委啦！"

洪学智一跃而起，从邓华手中抓过电报。命令全文如下：

彭高贺、邓洪解及中国人民志愿军各级领导同志们：

（一）为了援助朝鲜人民解放战争，反对美帝国主义及其走狗们的进攻，借以保卫朝鲜人民、中国人民及东方各国人民的利益，着将东北边防军改为中国人民志愿军，迅即向朝鲜境内出动，协同朝鲜同志向侵略者作战并争取光荣的胜利。

（二）中国人民志愿军辖 13 兵团及所属之 38 军、39 军、40 军、42 军，及边防炮兵司令部与所属之炮兵 1 师、2 师、8 师，上述各部须立即准备完毕，待令出动。

（三）任命彭德怀同志为中国人民志愿军司令员兼政治委员。

（四）中国人民志愿军以东北行政区为总后方基地，所有一切后方工作供应事宜，以及有关援助朝鲜同志的事务，统由东北军区司令员兼政治委员高岗同志调度指挥并负责保证之。

（五）我中国人民志愿军进入朝鲜境内，必须对朝鲜人民、朝鲜人民军、朝鲜民主政府、朝鲜劳动党（即共产党）、其他民主党派及朝鲜人民的领袖金日成同志表示友爱和尊重，严格地遵守军事纪律和政治纪律，这是保证完成军事任务的一个极重要的政治基础。

（六）必须深刻地估计到各种可能会遇到和必然会遇到的困难情况，并准备用高度的热情、勇气、细心和刻苦耐劳的精神去克服这些困难。目前总的国际形势和国内形势于我们有利，于侵略者不利，只要同志们坚决勇敢，善于团结当地人民，善于和侵略者作战，最后胜利就是我们的。

中国人民革命军事委员会主席　毛泽东

一九五〇年十月八日于北京

看完电报，洪学智连声说："真是太好了！彭总来当司令员，这太好了！"

彭德怀同志是中央军委副主席，在全军有着崇高的威信，有丰富的战争指挥经验。解放战争时期，他在西北战场艰苦的条件下，以劣势胜优势，打败了胡宗南。现在有彭总指挥抗美援朝，打美国侵略者，大家的信心就更足了。

邓华开玩笑地说："老哥，小心伺候！"

洪学智问："怎么？"

邓华说："我对彭总是了解的。他这个人事业心很强，打仗要求很严格，有高度的责任感。作战中稍出点纰漏他会大发脾气的！你得小心脑袋呀！"

24

洪学智笑起来，自信地说："彭总脾气大也没关系，咱们认真按原则办事。反正脑袋只有一个，拿掉就拉倒了。"

邓华敛起了笑容说："玩笑归玩笑，彭总一来，可就是要入朝的架势啦。我们得准备好，可不能出纰漏呀！"

洪学智也正色道："按你说的办，'小心伺候'就是！"

军事、后勤各方面的准备工作紧张地进行。邓华、洪学智、韩先楚和解方既要督促部队抓紧军事、后勤上的准备，又要了解研究朝鲜战场的战况，提出战役、战术设想，十分忙碌，办公室的灯光几乎每天都亮到深夜。关于这一时期的紧张与忙碌，杜平在他晚年的回忆录中写过这样一件事：

有一次，兵团几个领导在一起开会，听取东北军区负责后勤保障方面的同志的工作汇报。去接这位同志的车子在路上出了点小故障，因而晚到了一会儿。进屋时，除去邓华勉强在支撑着眼皮外，其他几个同志都东倒西歪熟睡了。他们是太疲劳了呀！

这期间，一首特别的歌曲在部队中诞生了。

炮兵第 1 师 26 团 5 连政治指导员麻扶摇写了一首出征诗：

雄赳赳，气昂昂，

跨过鸭绿江。

保和平，卫祖国，

就是保家乡。

25

这首诗表达了广大指战员的心愿，流传很快，经过修改，又经作曲家周巍峙谱曲，很快流传开来，成了《中国人民志愿军战歌》，成为全军人人喜爱，人人会唱，人人受鼓舞的优秀战斗歌曲。

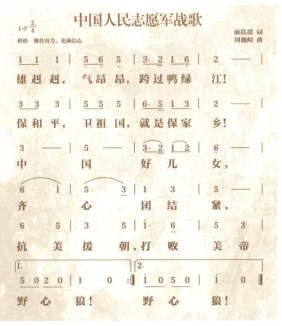

中国人民志愿军战歌

**4.** 在即将踏上朝鲜土地的那一刻，洪学智回了一下头，夜色浓重，美丽的安东已在身后，亲爱的祖国已在身后，一种庄严神圣的感情霎时充溢心头。

1950 年 10 月 8 日，在毛泽东签署组成中国人民志愿军命令的当天，就任中国人民志愿军司令员兼政治委员的彭德怀，从北京飞赴沈阳，主持志愿军进行出国作战前的动员和各种临战准备。

9 日一大早，洪学智和邓华去彭德怀下榻的大和旅馆见了彭德怀。一见面邓华就说："欢迎老总，有你出任司令员，我们的仗就更好打了，我们大家的信心就更足了。"

彭德怀微笑着说："那好，那我们一起抗美援朝吧！不过，我可不算'志愿军'啊！"

洪学智觉得诧异，就问："那你是怎么来的？"

彭德怀说："我是毛主席点将点来的。本来是派林彪来的，可是他说他有病，毛主席命令我来了。"

洪学智见彭总这样风趣，也开起玩笑说："彭总，那我也不算'志愿军'！"他捅一下身边的邓华说："是邓华把我鼓捣来的，连换洗的衣服也没来得及带。"

彭德怀哈哈大笑："他还挺有办法嘛！"

邓华说:"你们两个呀,说的都不是心里话。其实,你们都是最志愿的志愿军了,让你们来,你们谁含糊了?谁讲价钱了?不都是高高兴兴地来了吗?"

大家都笑了起来。

彭德怀问:"对中央军委出兵朝鲜的电报,你们是怎么看的?"

邓华说:"我同意毛主席的看法。"

洪学智说:"我们是应该下决心出兵了。"

彭德怀说:"不管我们是怎么来的,从现在起,我们一起战斗!"

洪学智心头一热,他和邓华同时说:"彭总,我们跟着您,一起战斗!"

当天晚上,洪学智和邓华以及 13 兵团的其他领导返回了安东。

10 月 11 日,彭德怀抵达安东,当天就要听取 13 兵团的情况汇报。

兵团的几个领导商量后,邓华说,这一阶段部队的准备工作一直由洪学智负责,于是大家一致同意让洪学智主讲。洪学智没有推辞,说:"那我先讲,你们补充吧。"

洪学智汇报的时候,彭德怀一直聚精会神地听着,一边听,一边点头。

汇报完情况后，彭德怀说，已收到了毛主席的电报，毛主席同意我们提出的4个军一起入朝的意见。他问大家还有什么意见。

邓华和洪学智都提出，即使是先头4个军一起入朝，兵力也还是不够。

洪学智说，根据我们的分析，我军的火力弱，与敌人的火力相比相差悬殊，歼灭美军1个师，我们需要两个军；歼灭南朝鲜军1个师，我们需要1个军。因此，虽然是4个军的兵力，还是不够，需要向中央建议，赶快增加部队。

彭德怀点头说："你们这个意见很好，13兵团虽然战斗力强，但兵力毕竟有限。根据我军一贯的集中优势兵力歼灭敌人的原则，其他部队应该继续赶来。我马上向中央报告。"

不久，中央很快确定由宋时轮率领的第9兵团昼夜兼程赶上来。

还有，洪学智又提出，我们这4个军都开到前面去了，谁来维护后方呢？没有部队维护后方，后方供应如何保障呢？还应再调1个军来维护后方。

彭德怀注意地看了一眼面前的洪学智，显然，这个有头脑有主意的下属的表现令他十分满意，他毫不掩饰地点着头：不错，不错，你们是动了脑子的，问题想得很全面，很周到。

连续两天，邓华、洪学智等陪同彭德怀在安东勘查鸭绿江口岸情况，共同研究朝鲜战局的情况，认为：如果志愿军能以1个军控制平壤东北方向约200里之德川山岳地区，而以其他3个军及3个炮兵师主力进至德川以北之熙川、前川、江界地区，则第一，可能使美军和南朝鲜军有所顾虑而停止继续前进，保持平壤、元山线以北地区至少是山岳地区不被敌占。如此，则我军可以不打仗，而争取时间装备训练。第二，如元山、平壤两敌向北进攻德川等山岳地带，则我军可以必要兵力钳制平壤之敌，而集中主力歼灭由元山方向来攻之南朝鲜军。只要歼灭一两个或两三个完整的南朝鲜军师，局势就大为松动了。

10月14日，彭德怀再次应召进京，将作战设想向毛泽东详细作了汇报。毛泽东赞成。

15日这天，洪学智的妻子张文带着孩子们来了，同来的还有邓华的爱人李玉芝和孩子们。为了能给即将上前线的丈夫送行，从广州到安东，张文带着孩子们在路上走了十天。他们的到来让洪学智有些意外，几个月没有见到孩子了，几个小家伙都长高了一截，特别是洪虎、洪豹两兄弟，已经上了学的他们一见面就叽叽喳喳地争着向父亲报告自己的优秀成绩。

孩子们围着父亲，洪学智开心不已，他谈笑风生的样子，一点没有大战在即的紧张压抑。张文熟悉丈夫的性情，一路心事重重的她也释怀不少。

29

　　16日，彭德怀召开了志愿军师以上干部会议。会上，彭德怀传达了党中央、毛主席出兵参战的决策和志愿军入朝作战的任务，并确定了第一时期采取阵地战与运动战相结合的作战方针，先组织防御，然后再配合朝鲜同志实行反攻，还确定了将4个军同时渡江集结于江界、熙川、云山、德川、孟山地区的部署。彭

1950年夏，洪学智、张文夫妇与子女在广州合影。随后，洪学智参加抗美援朝。

德怀在会上做了《抗美援朝动员报告》。会后，以志愿军的名义，号召所属部队表示决心自愿参战。

由于朝鲜战场的形势不断变化，为了选择最有利的时机，关于出国的日期经过了多次的考虑，最后才确定下来。

10月17日，毛主席发来指示，指出："（一）先头两军请准备于19日出动，明（18日）当有正式命令。（二）请彭高二同志于明（18日）乘飞机来京一谈。"18日，彭德怀奉命乘专机再次去北京，临行前，他向兵团领导同志叮嘱，做好按计划过江的准备。

18日21时，毛泽东主席签发了给第13兵团司令员兼政治委员邓华、副司令员洪学智、韩先楚、参谋长解方并告东北军区副司令员兼参谋长贺晋年的命令：

> 4个军及3个炮师按预定计划进入朝北作战，自明19日晚，从安东和揖安线开始渡鸭绿江，为严守秘密，渡江部队每日黄昏开始至翌晨4时即停止，5时以前隐蔽完毕并须切实检查。为取得经验，第一晚（19晚）准备渡2至3个师，第二晚再增加或减少，再行斟酌情形，余由高岗德怀面告。

毛泽东

10月18日21时

19日，彭德怀从北京飞回安东，立即召集志愿军几位领导同志开会，研究部队入朝时间和地点。

此时的朝鲜战场上，联军的迅速向北挺进，使北朝鲜方面意识到，形势已经极其严峻。金日成向全国发表的广播讲话中号召：今天我们最重要的任务，是用鲜血保卫祖国的每一寸土地。

战场军情如火。9月中旬，麦克阿瑟指挥庞大舰队和7万大军，亲自坐镇"麦金利山号"督战，冒险在仁川港一举登陆。正在半岛南端围攻釜山防御圈的朝鲜人民军被拦腰切断退路，战场形势瞬间逆转。10月17日，麦克阿瑟下达了联合国军第4号作战命令，改变原定计划，全速向北推进，目标是中朝边境的鸭绿江。联军向被包围的平壤发起了强攻，冲在最前面的南朝鲜军第一师师长白善烨对美国《时代》周刊的记者说，"我的战术就是一直向前，我们现在可以象巴顿将军那样进攻了。"

刚刚最后确定了部队的入朝时间和线路，朴一禹又匆匆赶来了。他心情显得十分沉重，一见到彭德怀的面，就激动地问："彭总司令，你们出兵的日子定下来没有？"

彭德怀沉稳而坚定地说："已经定下来了，时间就在今天晚上，4个军、3个炮师一起出动！"

朴一禹眼里含着热泪说："这就好了！这就好了！你们要是

再不出兵，问题就严重了！最近两天，战局变得对我们更加不利了。平壤的陷落，也就是一两天的事了！美军狂妄地叫嚣要在感恩节（11月23日）前占领全朝鲜，饮马鸭绿江。"

室内一片沉寂。少顷，彭德怀问道："你们有什么打算？"

朴一禹说："我们为了保存有生力量，正在组织党政机关和部队向新义州、江界方向实施战略退却，并已将临时首都移到了江界。金首相请彭总司令赶快入朝，共商抗美大计。"

彭德怀点头说："好，我也正想尽快去拜会金首相呢。金首相他现在在哪儿？"

朴一禹摇摇头说："具体的地点，我也不清楚。美国人的情报灵得很。为了安全，金首相需要不断地转移，行踪不定。现在我还说不准他在什么具体位置。"

彭德怀重重地拍了一下桌子说："那好，那我们就去找！咱们现在就走。"说完，他略作思索，指指邓华和洪学智说："我得马上入朝。你们几位把部队入朝后作战的具体任务、集结地点以及可能出现的情况，再仔细研究一下，在出发前电告各军、师领导和我。另外，部队过江一定要切实组织好，一定不能出半点纰漏，明白吗？"

邓华和洪学智肃然答道："明白了，彭总，请你放心吧！"

彭德怀神色凝重地与二人握手，然后毅然转身，同朴一禹一起坐汽车走了。

33

这样，彭德怀成为第一位进入朝鲜战场的中国人民志愿军。同彭德怀一起走的还有他从军委带来的通讯处处长崔伦、秘书杨凤安和4个警卫员。崔伦坐着卡车跟在后面，车上还有一部电台。

彭德怀走后，邓华和洪学智按照军委、毛主席和彭德怀的战略意图，进行了反复的研究，确定了志愿军入朝之后采取"以积极防御，阵地战与运动战相结合，以反击、袭击、伏击来歼灭与消耗敌人有生力量"的作战方针，先在龟城、泰川、德川、宁边、五老里一线组织防御，制止敌人进攻，挫伤敌人的锐气，掩护朝鲜人民军北撤整顿，为尔后战略反攻创造条件。

根据敌人进展的势头，估计可能遇到的情况大概有以下三种：一是敌人先我到达我预定作战地区；二是我刚到达预定作战地区，立足未稳，敌人即来；三是在我开进途中同敌人遭遇。因此，要求部队在开进途中始终保持战斗姿态，随时准备在运动中歼灭敌人。

为了达到战略、战役上的突然性，要求部队采取夜行昼伏、严密伪装、封锁消息、控制电报通讯等一系列保密措施，以隐蔽行动和企图。

部队取下了帽徽和胸章，干部配发了朝鲜人民军的军服，举行宣誓仪式。

在庄严的红旗下，志愿军干部战士们举起右手宣誓。

## 志愿军誓词

我们是中国人民志愿军。为了反对美帝国主义的残暴侵略，援助朝鲜兄弟民族的解放斗争，保卫中国人民、朝鲜人民和亚洲人民的利益，我们志愿开赴朝鲜战场，与朝鲜人民并肩作战，为消灭共同的敌人，争取共同的胜利而奋斗。为了完成这一光荣、伟大的战斗任务，我们誓以英勇顽强的战斗意志，坚决服从命令，听从指挥，上级指到哪里打到哪里，决不畏惧，决不动摇，发扬刻苦耐劳的坚诚精神，克服一切艰苦困难，发扬革命的英雄主义，在战斗中创建奇功。我们要尊重朝鲜人民领袖金日成将军的领导，学习朝鲜人民英勇善战的战斗作风，尊重朝鲜人民的风俗习性，爱护朝鲜的一山一水、一草一木，和朝鲜人民、朝鲜军队团结一致，将美帝国主义的侵略军队全部、干净、彻底消灭。

就在中国人民志愿军整装待发的时候，麦克阿瑟在威克岛与美国总统杜鲁门会晤，他断言中国不可能出兵朝鲜。他说："总统先生，我认为中共无意参加这场战争。当今是我们强大而中共孱弱的时代，倘若中共部队渡过鸭绿江，我就要使他们遭到人类历史上最大规模的屠杀。没有任何一个中国指挥官会冒这样的风险。"

10月19日，"联合国军"攻占平壤，随即兵分多路，继续向朝鲜北部境内快速推进，企图在感恩节前占领全朝鲜。麦克阿瑟宣称："平壤是敌人的首都，它的陷落象征着北朝鲜的彻底失败。实际上一切有组织的抵抗已全部停止，只剩下一些游击战来代替它。"

之后的历史证明，他的这个结论下得太早了。就在这一天，中国人民志愿军跨过鸭绿江，中国人民伟大的抗美援朝正式拉开帷幕。

1950 年 10 月 19 日的黄昏到来了。安东的这个黄昏，雾意迷离。

17 时半开始，志愿军 4 个军和 3 个炮兵师，分东、中、西三路先后渡江。当时鸭绿江上通往朝鲜的铁路桥只有三处，分别在辑安、长甸河口和安东。接受入朝作战的任务后，兵团司令部决定在三处铁路桥上铺设枕木，人马车辆可以通过，同时，另派两个工兵团在长甸河口、辑安两处各架设一座浮桥。经过一段时间的秘密训练，工兵团能够在黄昏时两个小时内架通浮桥，待部队过河后，天亮前一个小时即可撤收浮桥，并将架桥器材隐蔽。

过河时的开进计划是严格测算过的，包括过江时各军分几路纵队前行，渡江的具体时间，过江后各部队如何分路前进，等等，事先都有周密方案。为保证志愿军行动的隐蔽性，在出发的命令中对渡江行动作了详尽的规定，并要求各部队严格遵守渡江时间。部队的渡江行动从晚上 18 时 30 分开始，至第二天凌晨 4

时结束，5时前全部隐蔽完毕，并规定，各部队过江进入朝鲜后，一律采取夜间行军。

事后证明，中国人民志愿军25万大军在两个夜晚秘密跨过鸭绿江，拥有先进侦察装备的美军居然丝毫没有发现。

晚饭后，邓华、洪学智、韩先楚分头随部队出发（兵团政委赖传珠因为调北京工作，暂未入朝）。洪学智指示参谋长解方率兵团部乘汽车经宽甸从长甸河口过江，邓华和洪学智两人则在大部队开进前，乘汽车从安东过江。

吉普车沿江边公路行驶，天色渐黑，一路上都是全副武装的队伍。

驻地距江边很近，洪学智坐着苏制嘎斯吉普车，几分钟就到了安东的鸭绿江桥边。随行参谋在他耳边轻轻地唤了一声："首长，过江吧！"

洪学智轻轻打开车门，下了车。

雨不知何时开始下了，细雨蒙蒙中，洪学智站在鸭绿江的桥边，向前望去，40军正在过江。此时的鸭绿江边，兵士如流，兵器成河，马蹄哒哒，炮车隆隆。部队源源不断地涌上江面，骠健的战马喷着白气，威武的炮管伸向天空……桥下的江水似乎比平日显得越发汹涌湍急。

洪学智心潮起伏。从15岁参加革命起，这样的出征记不清有多少次了，但这次格外不同。虽然打了许多年仗，但都是在国内，可这一回，他要远赴国外，他将要面对的，是以美国为首的"联合国军"，是武装到牙齿的现代化军队，是有海军、空军和炮火优势的强大对手。战争环境更复杂，情况更恶劣，异国他乡，语言不通，地理不详，山重水复困难重重，将要担负的艰难与艰苦无法想象。这一场战争一定非常残酷，每一个跨过江的干

1950年10月19日，中国人民志愿军按西线、中线、东线三个方向，秘密跨过鸭绿江，向预定的作战地区开进。图为志愿军跨过鸭绿江大桥时的情景。

部和战士都将经历生与死的考验。可是，保卫新生政权、保卫新中国的使命令他深感重担在肩，责任光荣。

洪学智大步跨上汽车，车子迅速驶过了安东鸭绿江桥。

在即将踏上朝鲜土地的那一刻，洪学智回了一下头，夜色浓重，美丽的安东已在身后，亲爱的祖国已在身后，一种庄严神圣的感情霎时充溢心头。

# | 第二章 |

## "立即出发!"

***1.*** **天还黑乎乎的,向导指着远处一个模模糊糊看上去只有十几户人家的小村镇说:"这就是彭德怀司令员在电报中提到的那个联络点。"**

入夜,雨停了,云散月出,满天飞霜,寒风萧瑟,遍地枯黄。

战场环境变化万千,一进入朝鲜境内,复杂的情况连续出现。

出发前,为各部确保行动秘密,争取战机,彭德怀、邓华、洪学智、韩先楚、解方联名致电各军、炮兵司令部,要求各电台应注意收听以便随叫随应,但不要乱用电台,以减少目标暴露;严格行军时间,黄昏后出发,拂晓前宿营隐蔽完毕,进入宿营地后封锁消息;严格防空纪律,发现敌机,任何人不得暴露目标。

夜间行军加上电台不便，部队的行动及联系遇到很多困难。

朝鲜多山，一入朝境，汽车便拐上了山路。天色漆黑，盘山公路又崎岖狭窄，能见度很低，由于考虑到防空，汽车行驶一律不准开大灯，沿途除了有志愿军的步兵同行，还有从前线沿公路下撤的朝鲜人民军的队伍及朝鲜群众，人人扶老携幼，大包小包，把原来就狭窄的山路更挤得水泄不通，汽车像一只只大蜗牛，在山道间缓缓地爬着。洪学智命人把吉普车的篷子卸了，把车前的挡风玻璃也卸了，以便更好地观察情况。

1950 年 10 月 20 日凌晨，洪学智到达兵团司令部。所谓的司令部营地，是一片松树林。

朝鲜称村、屯为洞、里，朝鲜境内沿公路的所有洞、里，都被敌人轰炸成了废墟，幸好沿路松树林很多，每个山丘都有成片的松树林子，利于隐蔽，天亮后部队进入松树林里宿营。

洪学智来到战士们休息的地方，询问了一些连、营、团的干部，又检查了一个连队的携行量。干部战士们虽然负荷量很重，但士气很高，精神饱满。在一个胖乎乎的小战士面前，洪学智停下。

"过去我们打败了国民党蒋介石，现在抗美援朝，你们敢不敢打，有没有信心？"

小战士把脖子一扛，用带着童声的声音很脆地回答："首长放心，俺有信心一定打败美国鬼子！"

41

洪学智笑了："你是山东人吧？"

小战士又一挺腰："山东菏泽的。"

洪学智点点头："山东菏泽，好地方，你们那里的芦苇荡很不错。"

小战士笑了，露出缺了一颗牙齿的雪白门牙："首长，俺们那里的苇子好，牡丹更好，那花大得——"小战士比了一只脸盆大小的动作。

洪学智点头说："牡丹花好，英雄花更好。好好干，等立了功，我给你戴英雄的大红花！"

夜晚来临，部队要继续前进了。洪学智看看表，心里十分焦急。先头进入朝鲜的彭德怀，进入朝鲜境内后，电台就再也联系不上了。

就在洪学智焦急地等待彭德怀司令员消息的时候，"联合国军"在平壤以北的肃川和顺川实施了大规模空降，意图截断正在向北撤退的北朝鲜政府和军队的退路。善于吸引眼球的麦克阿瑟还专门乘坐着自己的专机——盟军最高司令号，和伞兵一起飞行。兴奋的他在空中大喊大叫："兔崽子们，快往下跳！不然我要踢你们的屁股！"

至20日，志愿军有5个师渡过鸭绿江，距预定防御地区还有120至270公里。而此时，"联合国军"在西线已进至距志愿军预定防御地区只有 90 至 130 公里处；在东线则进至志愿军预定防御地区，并且还在继续分路快速推进中。彭总现在在哪里？会不会与敌人遭遇？洪学智一次次催问司令部通讯科，心急如焚。

平壤已被占领，彭德怀只带着几个人在朝鲜的山野中寻找去向不明的金日成。后来的史学家们发现，当时深入敌后的彭德怀曾与南朝鲜军一个团擦肩而过。志愿军司令部整整两天与他失去联系，令人匪夷所思的是彭德怀又从包围圈中走了出来。

21 日下午，司令部作战处副处长杨迪手举电报跑步来报：彭总有消息了。

司令部终于接到了彭德怀的电报，电报上说：他于本日（21日）9 时，在东仓、北镇间之大洞与金日成同志见面，请邓洪韩三同志带必要人员急速来他处商筹全局歼敌部署，解方同志率余留人员随部队跟进。

接到电报，邓华和洪学智非常高兴。因为在与彭总失去联系的这两天一夜里，他们连续收到毛泽东主席数个电报，要求改变入朝前的部署并且与彭德怀住在一起，他们迫切需要向彭德怀请示并一起研究下一步行动。彭德怀在电报中告诉了与他会合的地点位置在大洞，让他们先到联络点，与联络员联系上以后，再与他会合。

此时，韩先楚已跟着 40 军军部到前面去了，联系不上。邓

43

洪商量后，决定他们两个人先去找彭德怀。

21日晚7点多钟，天一擦黑，他们就出发了。为缩小目标，洪学智与邓华是分头走的。

一夜不停地行进，车子走得很快。22日凌晨5点过，疲惫中的洪学智被向导推醒，天色还黑乎乎的，向导指着远处一个模模糊糊看上去只有十几户人家的小村镇说："这就是彭德怀司令员在电报中提到的那个联络点。"

邓华还没有到，接待洪学智的是一位三四十岁的朝鲜女同志，个子不高，梳着一条大辫子，神色严肃而刚毅。她用不太熟练的中国话自我介绍说，自己是这个联络处的主任。

洪学智介绍自己说："我是中国人民志愿军13兵团的副司令员洪学智，是来找志愿军司令员彭德怀的联络员的。"

女主任说彭司令的联络员还没有到，联络有困难，只能派人步行去找，让他们先等着。

联络的确很困难，在这个位于山沟沟的简陋贫瘠的小村里，既没有电话，也没有无线电台，甚至连一台汽车也没有。女主任让人做饭。足足过了有一个半小时，早饭才送来，一点简单的米粥，玉米饼和泡菜，好在东西虽然不多，却是热乎乎的。正好邓华也到了，两个人又累又饿，刚扑到饭上，女主任冲了进来，急切地挥着手："飞机——飞机——快——"

她话音刚落，洪学智就听见空中传来的飞机引擎声，他拉着邓华，一猫腰冲出了房子，几步跃到院子里，在一堆桔梗垛下刚伏下身体，几架黑乎乎的美军 P–51 飞机呼啸着从头顶过去，对着这个村镇扫射了一通。村中烟火四起，哭声一片。

敌机走了，还好早饭损失不大，两个人几下就把粥菜"扫荡"进肚里了。

饭后，邓华和洪学智坐在屋里，他们很疲倦，但却睡不着。入朝后短短两天的见闻让他们深刻感受到，朝鲜人民军的境况相当紧迫。对彭德怀的挂念，对形势的担忧，令他们十分焦虑。

22 日上午 10 点钟左右，彭德怀的联络员找到了，他一见到邓华和洪学智就说："彭总就住在附近一个名叫大洞的小村里。他要你们立即去见他。"

正躺在床上打盹儿的邓华闻听此言，立即坐了起来说："马上出发！"

邓、洪二人从联络点出发时，已经是上午 11 时。还是那两辆卸了篷子的嘎斯车，不过上面已经用松枝做了伪装。

车子驶出小村所在的山沟沟，刚走到一片开阔地，美军的十几架野马式飞机就又呜呜呜地飞了过来，甩下炸弹，接着又扫射了一阵子。众人赶紧都下了车，迅速隐蔽。小汽车迅速开进了一条小山沟。敌机在天空中又转了几圈，没有发现目标，飞走了。

路并不太远，但连续遇到几次美国飞机，每次都得人下车隐

45

蔽，车钻山沟。美军飞机的猖狂与霸道，令洪学智十分气愤。这样大约走了1个小时，前面出现了一个只有几间小房子的小村子，向导说这里就是大洞了。

大洞也是一条山沟。沟口有很多岗哨。他们进到那条山沟里，彭德怀的一个警卫员出来迎接，他指着一间茅草房说彭总正在和金首相谈话，还得等一会儿，让他们先吃饭。

午饭后大约快两点了，警卫员进来说："彭总请你们进去！"

这也是一间草屋，不过十几平方米，正中一只质地结实的实木长桌，彭德怀与金日成相对而坐，紧张与急迫的形势并没有影响两位领袖人物的情绪，二人相谈正欢。

就在这一天，金日成向彭德怀介绍情况时，坦陈："敌人的兵力占优势，炮火又强，还有大批的飞机，我们部队迟滞敌人进攻势头，是很困难了。"

当彭德怀问到人民军的兵力情况时，金日成说："这我对别人不说，但不瞒您总司令，我现在仅仅有3个多师在手上，一个师在德川、宁边以北，一个师在肃川，一个坦克师在博川。还有一个工人团和一个坦克团在长津附近。隔在南边的部队正在逐渐地往北撤。"

单独与邓华和洪学智在一起的时候，彭德怀对他们二人说："现在的情况就得靠我们了。"

看着面色凝重的老总，邓华说，这两天我和老洪反复商议，看来我们原来的计划部署要改变了。出国前，按照之前在国内战争时期的经验初步设定的计划是占领一块根据地，构筑阵地进行防御。

洪学智说："老总，现在看来，这个部署要改变，原定的在防御中消灭敌人的计划不行了，在国内战争中采用的那种大踏步前进和大踏步后退的战法也不适用了。改为在运动中伺机歼敌，像毛主席所说的那样，歼灭南朝鲜军第6、第7、第8三个师。你21日发给中央军委和我们的关于改变决心和部署的电报我们完全赞成。"

47

在国内的毛泽东密切关注着刚刚出征的中国人民志愿军，急切期盼着开门红。21日凌晨2点，毛主席给志愿军司令部发来电报："此次是歼灭韩军三几个师，争取出国第一个胜仗，开始转变朝鲜战局的极好机会。如何部署，望彭邓精心计划实施之。"仅过一个半小时，毛泽东又发来一封电报，要求尽快争取战机开始作战，并告诉他们眼下根本就没有部署防御的时间，无论如何，要先打起来。

彭德怀问："你们有什么具体想法？"

邓华看一眼洪学智说："这可是出国第一仗，一定要打好！具体想法我和老洪已经研究了。"

邓华和洪学智两个一言一语，把两人这几天的思考向彭德怀详细做了介绍：作战方针应以运动战为主，以阵地战和游击战为辅。由于敌人至今仍未发现我军已大规模入朝而分兵挺进，我们可以部分兵力钳制东线之敌，立即集中 3 个主力军于西线作战，分别歼灭南朝鲜第 6、7、8 师。这部分南朝鲜军位于中央，若能将其全歼或歼其大半，东西两线敌人的老虎屁股就露出来了，我们就可以腾出手来，继续歼敌。具体部署是：东线以 42 军的一个师附一个炮兵团坚守长津地区，阻击南朝鲜首都师、南朝鲜第 3 师，以该军主力首先控制小白山区，视情况再向孟山以南地区挺进。西线以 40 军进到德川、宁边地区，38 军进到熙川，39 军进到泰川、龟城地区，尔后视情况寻机坚决歼灭当面之敌。

彭德怀赞许："这样部署，我军就有相当大的主动性了。"

洪学智一向细致缜密，他接着又提出一个问题："彭老总，39 军东进以后，新义州、定州地段空虚，为防敌人从海上登陆，得赶快把 66 军调到安东、新义州一带来。"

彭德怀注意地看了一眼洪学智，到 13 兵团这几天的时间，他对这个看上去高大粗犷实则内心细密的副司令有了很好的印象。彭德怀点头："老洪这思路对，通讯科，马上给军委发电。"

通讯参谋闻声而进，彭德怀马上口述电文："军委，39 军东进后，新义州、定州空虚，为防敌从海上登陆，应令 66 军明后两天即从天津出发，开往安东，以一个师负责新义州、定州交通线，主力作为志愿军预备队。"

电报交代完，天都黑透了，警卫员送来了晚饭，彭德怀招呼邓、洪二人一起吃。

彭德怀端起碗，指着洪学智说："大部队已经拉动，后勤供应方面怎么样？"

因为事先已考虑并且充分安排，所以洪学智的回答胸有成竹："老总放心，过江前已和东北军区商定，布置了3条兵站供应线：第一条为长甸河口、新仓、北镇一线；第二条为辑安、别合里、五坪里一线；第三条为临江、周波、长津一线。物资储备由前线至国内做纵深梯次配备，并动员了10多万民工，跟随志愿军入朝，参加战勤工作。"

彭德怀说："好，很好。"

彭德怀用筷子轻轻敲一下碗，对邓华说："邓华同志，你那天在火车站上把洪学智鼓捣来，真是鼓捣对了。"

**2.** **对方没有任何标识的军服和手中五花八门的武器，让他们一时无法确认这些军人的出处。只是当看到一个面孔白净的小个子军人腰间裹着的一面鲜红的红旗时（为了保密旗帜一律不准打开），才恍然大悟，是中国人参战了。自己不幸或者说有幸成为中国军人的第一批俘虏。**

为便于就近指挥，志愿军司令部就设在距大洞一山之隔的大榆洞。

49

大榆洞是朝鲜著名的四大金矿之一，位于平安北道朔州郡。在南北两座大山之间，夹着一条东西走向的山沟。沟中有条小路，路两侧有一些简易工棚。沿着小路进去，向左一拐，南山脚下有一个圆圆的矿洞。洞口侧上方 50 米左右，有一座长方形的大木板房子，据说原是矿山的木工房。这就是彭德怀亲自选定的志愿军统帅部办公室。

由于矿洞里潮湿阴暗，司令部设在了山坡下的一座木板搭的工棚里。

1950 年 10 月 24 日，彭德怀从大洞来到大榆洞，当夜，在这座后来名垂史册的木棚屋里，主持了志愿军出国后的第一次讨论作战问题的会议。

之前，韩先楚、解方以及兵团机关的同志已赶到了大榆洞，各方面工作迅速展开。

夜色把工棚与山峦融为一体。四周一片朦胧，大榆洞如在雾中。正志得意满中的联军统帅们做梦也没有想到，这个隐藏在莽莽深山中的简陋破旧之处，正集中着一群将要在战场上叱咤风云的狮虎猛将。

窗与门都用棉被紧密地遮挡了，几盏油灯分挂在工棚顶的各处，桌子正中还立着一盏。邓华、洪学智、韩先楚、解方、杜平围着彭德怀，在一张长方形的木桌四周坐下。

彭德怀说："我这个志愿军的司令员兼政委，手下连个指挥机构也没有，临时抽人组织志愿军的领导机构，一是没地方，二是没时间了。现在是战争时期，形势很严峻，军情紧急，我没和你们商量就定了。我已向毛主席请示，毛主席也有这个意思，把13兵团的领导机构，改为志愿军的领导机构。"

1950年10月25日，中共中央就志愿军领导机构设置和主要干部配备问题，致电志愿军第13兵团党委并转各级党委："（一）为了适应目前伟大战斗任务的需要，13兵团司令部、政治部及其他机构，应即改组为人民志愿军司令部、政治部及其他机构；（二）彭德怀同志为人民志愿军司令员兼政治委员（前已通知），邓华、朴一禹、洪学智、韩先楚四同志为副司令员。邓华、朴一禹二同志均兼副政治委员。解方同志为参谋长，政治部、后勤部及其他机构的负责同志照旧负责；（三）党组织亦照原名单加入彭、朴二同志，以彭德怀同志为书记，邓华、朴一禹同志为副书记。"

彭德怀又做了详细分工，邓华任第一副司令员兼副政委，主要是分管干部工作和政治工作。洪学智同志任第二副司令员，主要分管司令部的工作、特种兵和后勤工作。韩先楚同志任第三副司令员，不具体分工，到部队去督促检查作战问题。解方同志任志愿军参谋长。杜平同志任志愿军政治部主任。彭德怀任志愿军党委书记，邓华任党委副书记，洪学智、韩先楚、解方、杜平同志任常委。

51

关于对洪学智工作的分工，洪学智在回忆录中有专门的说明：

司令部为什么有解方做参谋长，还要我管呢？因为我原是15兵团的副司令员兼参谋长，15兵团司令部机关也就是现在的13兵团司令部，是我一直管着的。解沛然过去是12兵团参谋长，对13兵团司令部不太熟悉。所以邓华建议，让我兼管司令部的事情。

与此同时，第13兵团政治部发布政治动员令，号召全体指战员发扬革命的英雄主义精神和勇敢顽强的战斗精神，不怕一切牺牲，克服一切困难，保证首战获胜，转变朝鲜战局。

志愿军放弃第一期的防御作战设想，改取在运动中各个歼敌的方针后，几经确定部署，又几经调整，最后确定第一次战役首先歼灭南朝鲜军两至三个师。

由于志愿军兵力尚未集齐，一口吞3个师还无把握。按彭德怀的话说"光图嘴巴快活，不管胃肠遭罪的事，我们干不得"。所以，最后决定把敌人引到于我有利的地形上来打。先吃敌军第6、第8两个师，然后再集中兵力吃另外一两个师。毛泽东根据战场情况，再次指示志愿军调整作战部署，诱敌深入，将冒进之南朝鲜军部队诱至山地，首先围歼南朝鲜军第1、第6、第8师。

入朝后的第一战非同小可。洪学智深深知道这一点，不仅远在中南海丰泽园的毛泽东密切注视着，志愿军从上到下，也人人都高悬着一颗心。

孙子曰：夫战者，须知己知彼。但是现在的志愿军，上至他们的彭德怀老总，下至一名普通士兵，还没有人知道，"联合国军"是什么样的？那些传说中的高鼻子蓝眼睛的美国人到底如何。

十月底的朝鲜夜里气温骤降。大榆洞单薄的工棚抵御不住屋外的寒流，冷风飕飕直往身上窜。洪学智打开了他那床日式毛毯——这还是当年去东北剿匪时，陶铸同志送的——裹住腿脚，这是战斗计划下达后的第一个夜晚，他和参谋长解方彻夜守在作战值班室。

10月25日凌晨2点多钟，司令部作战值班室一阵急促的电话铃声令人一震。

解方一把抓起电话："什么事？"

电话是118师司令部打来的，报告说：在北镇至温井的公路上，在我们部队正面发现了敌人！

先头部队这么快就与敌人不期而遇了？解方不太相信，他大声地问："怎么可能？你们是不是搞错了？！"

对方肯定地回答："没搞错，确实是敌人，说外国语，听

53

不懂。"

电话再响起，这一回对方是 118 师师长邓岳。

洪学智接过电话，每一个问题都至关重要："我是洪学智，你们前面的敌人有多少？"

"不知道。天太黑看不清。"

"到底是美国鬼子还是伪军？"

"不清楚。"

洪学智明确地指示："继续监视，摸清楚情况随时报告，注意先不要暴露自己。"

联军推进如此之快，令人震惊。敌情重大，洪学智和解方一起守在电话旁。

洪学智的连续问题让邓岳头脑清晰了，几分钟后，他的电话又来了：

邓岳："对方看起来不像是美国鬼子，应该是伪军，我们的侦察员听到都是讲朝鲜话，我们判断可能是伪第 6 师的。"

洪学智不假思索地命令："如果确认对方是伪军就再往里多放一放，等敌人钻进口袋，坚决歼灭。"

邓岳："知道了。"

敌人已经临近了，洪学智将情况报告彭德怀，志愿军司令部立即给已进至云山以北的第 40 军 120 师发电，令他们立即以 1 个团的兵力占领云山东北的间洞、朝阳洞、玉女峰一线。

上午 9 时许，志愿军司令部接到了 40 军 120 师的电报："7 时许，伪 1 师之先头部队在 10 多辆坦克和自行火炮的引导下，沿云山至温井的公路北犯，遭到我 120 师 360 团的迎头痛击。"

中午 12 时，邓岳师长打来电话，报告了一个振奋人心的好消息："伪第 6 师第 2 团一个先头加强步兵营，由温井向北镇进犯，我们按照首长的指示，张开口袋，放敌进入，上午 10 时 20 分，敌进至我设下的埋伏圈，我第 118 师 354 团在第 353 团的配合下，以拦头、截尾、斩腰的战法，向敌人发起了突然而猛烈的攻击，将该敌大部歼灭，活捉了好几百人，其中有 3 名美军顾问。"

40 军 118 师和 120 师与南朝鲜军第 1 师和第 6 师的先头部队在北朝鲜的群山中不期而遇，打响了抗美援朝战争的第一枪。这是双方都有没想到的，中方没想到联军进展得如此之快，而联军没想到中国已经出兵。

这一天，南朝鲜先头部队坐在车上车轮飞快地追击着人民军，他们中有些人还在谈笑风生地啃着苹果，没有人知道，就是他们面前不远处密布着朝鲜小云杉的山岗上，一些穿着深土黄色衣服的志愿军将士们埋伏在那里，不到 20 分钟，就把南朝鲜的这个营解决掉了。随后美军飞机进行了准确的报复性轰炸，整个山岗燃烧起来，像一支巨大火焰。但令南朝鲜军人奇怪的是，燃烧之中却有一些奇怪的身影在火中露出头，顽强射击。这样一支有战斗力的军队是他们从未遇到过的。《远东朝鲜战争》一书中是这描述的：

> 当20多名南朝鲜士兵终于爬上山岗时，看见了一个衣衫破烂的士兵从工事里站起来，怀里抱着一根爆破筒，几乎是微笑着向他们走来。南朝鲜士兵突然明白，但跑已经来不及了，士兵怀中的爆破筒爆炸了。这是中国人，肯定是中国人！南朝鲜人惊呼。

南朝鲜军第一师师长白善烨发现自己原本一路凯歌的先头部队被打得稀里哗啦。中午，他向美第1军团司令部报告："在云山和熙川北部，有2万名中共军正在待命。"这是"联合国军"部队第一次提出发现中国军队的报告，但没有一个人相信他的话，所有的美国人包括总统杜鲁门在内，都只相信麦克阿瑟将军的判断，中国人不可能在1950年全面干预朝鲜战争。中国政府对这支部队的名称和它的指挥者成功地进行了严格的保密。

许多志愿军战士围住了被俘的美军顾问，他们发现这三个明显高出他们大半头的美国人真是有着天空一般的蓝色眼睛，这让这些农民出身的志愿军们看来，是奇特怪异的。

眨眼之间就做了俘虏，这些曾经不可一世的美军顾问一时完全没有反应过来。在正午时分灿烂的阳光下，三位高高举起双手的美国军人用他们漂亮的蓝色大眼睛注视着面前这些仿佛从天而降的小个子军人，万分不解，对方没有任何标识的军服和手中五花八门的武器，让他们一时无法确认这些军人的出处。只是当看到一个面孔白净的小个子军人腰间裹着的一面鲜红的红旗时（为了保密旗帜一律不准打开），才恍然大悟，是中国人参战了。自己不幸或者说有幸成为中国军人的第一批俘虏。

当晚，118 师、120 师主力又乘胜占领了温井，切断了已进至楚山、古场的南朝鲜第 6 师第 7 团的退路。

志愿军首战告捷。

在这个激动人心的上午还发生了一件事。

作战处副处长杨迪把收到的密语电报翻译出来后，立即报告彭德怀和兵团首长。彭德怀接过电报后立刻站起身来要到 118 师指挥所去。

邓华和洪学智是熟悉彭德怀的，彭德怀指挥作战的特点是，只要战斗打响，他就要第一时间到达第一线亲自指挥。司令部其他几位领导和干部就不太熟悉了，有几个人恳切地对彭德怀说为了他的安全，请他不要去，结果这一劝说让彭德怀发了脾气：打仗还怕死？

邓华拉了一下洪学智，两人跟着走到门口。

洪学智拍了一下脑门说："老总，我们这样赶过去会不会盲目？ 118 师的部队是在行进中遭遇作战，指挥位置随时都会变

57

动，我们现在了解的 118 师指挥所，一个小时后又不知道所转移到哪儿去了呢！现在战争已经打响，其他各军也会迅速与敌人交手。战场情况随时要发生很大的变化，指挥中枢随时需要您根据各军情况，下达新的指示。"

邓华也说："老总，现在正是紧要关头，不能离位呀！"

彭德怀停了步，转身回到指挥室，向杨迪一挥手："我要立即与 118 师、120 师的指挥员通电话。"

杨迪愣怔了，这位年轻的副处长张了张嘴，正想说什么，站在彭德怀身边的洪学智用眼神制止了他："杨迪，你还站在这儿干什么，赶快派通信分队去迅速架通电话。"

杨迪很为难，因为此时兵团与 118 师、120 师距离相当远，且需要穿山越岭，架设有线电话的确十分困难。正踌躇间，洪学智走过来："杨迪，我知道你要说什么，我告诉你，彭老总指挥作战的特点是，只要战斗一打响，就要亲自到第一线指挥所去，亲自同前线指挥员通电话，直接了解情况和下达命令。困难肯定是有，但办法肯定比困难多，你赶紧动动脑子。"

一句话点醒了杨迪，他马上找来通讯科科长，坐上吉普车，带着全部的被覆线，通信兵坐在车上放线，再用一辆三轮摩托车带通信兵跟随整理线路；同时通知 118 师通信分队从另一端向兵团部方向架线，两下一会合，不到 2 个小时，电话通了。

这么短的时间内就接通了 118 师的电话，洪学智把情况报告给彭德怀，彭高兴地笑了。他指示洪学智直接与118师师长通话，传达命令。

1950年10月25日，志愿军在敌进我进中同敌人交战，开始了抗美援朝战争的第一次战役。

一年以后，中央军委正式把每年的10月25日定为中国人民志愿军入朝作战纪念日。

## 3.39军多少有些激动地将美军"王牌师"的情况报告到了司令部，洪学智把电报接过来看了一眼，递到邓华手中，朗声说了句："来得好啊，我们打的就是他这个王牌师！"

尽管自10月25日起，第8集团军上报的信息一再指出：一个新的对手已确凿无疑地参战了。但在东京，"联合国军"总部认为关于中国军队参战规模的报告"大概是言过其实了"。在华盛顿的美国参谋长联席会议对于发现中国军队参战的消息尽管忧心忡忡，但还是推断，"没有迹象表明中共方面已开始动用大批整建制部队对朝鲜进行公开的干涉"。"联合国军"总部决定保持既定计划不变，训令部队继续向中朝边境全速推进。

"联合国军"继续分兵冒进，彭德怀决定边打边进，分别各个歼灭冒进之敌。

27 日晚，大榆洞工棚志愿军司令部，彭德怀、邓华、朴一禹、洪学智、韩先楚、解方，一面看着地图，一面在一起紧张地研究着敌情。桌上一盏油灯亮着，作战地图上插满了代表交战双方的各色小旗。

邓华介绍情况，他说："39 军第 117 师及 40 军一部已到达云山以北地区与伪第 1 师进入战斗。120 师已到达温井以东龟头洞地区与伪第 6 师第 19 团两个营进入战斗。42 军正在赶往黄草岭。但 38 军因距熙川尚有 60 多公里，未能插到指定位置，不能执行歼灭熙川之敌的计划。"

彭德怀皱起眉头，不满意地嘟起嘴："这个梁兴初怎么这样慢慢腾腾的？误了大事哟！"

解方说："敌人正自东、南、西南 3 个方向向温井运动，企图合击我温井部队。另外，熙川敌之主力似已撤出。"

彭德怀瞪起眼睛说："你看看，敌人要跑了不是？"

自 25 日开战以来，连续两天里，洪学智日夜守在司令部作战室，各部的电报电话不断往来，他面对地图，仔细分析研究。之前，为了分别歼灭冒进之敌，彭德怀曾经决定集中 38 军和 40 军两个师，以及 42 军第 125 师，首先重点攻击熙川之敌。但此时，西线志愿军主力除第 40 军 2 个师已经与敌进行交战外，其他部队仍在向指定位置开进之中。志愿军是夜间开进，视线差，道路多为狭窄难行的山道，加之朝鲜党政机关和难民正向江界和新义州撤退，车辆人马堵塞，志愿军难以提高行进速度。同时，朝鲜北部为崎岖险峻的山区，不便于大兵团机动作战。因此，志愿军难以立即完成战役展开，一战聚歼敌军几个师。

见几位指挥员不再说话，洪学智站了起来："彭总，部队没有及时到位，我认为，眼下我们应该马上改变原定计划。"

这话一出，众人都看着洪学智。彭德怀眉毛一抬："怎么改变？"

洪学智面对地图，详细地谈了自己的想法：美第 8 集团军对志愿军入朝参战迹象开始重视，令南朝鲜第 2 军团收缩防御，稳固战线，同时将南朝鲜第 7 师由美第 1 军归还南朝鲜第 2 军团指挥，向价川一线移动；南朝鲜第 6 师主力和第 1 师从西、南两个方向向温井方向移动。进至熙川的南朝鲜第 8 师主力折返球场，并以 4 个营在球场以北集结。南朝鲜第 6 师主力可能经新兴洞、立石洞向温并推进，南朝鲜第 1 师可能经龙浦洞向温井推进，如此，南朝鲜军则有自东、南、西南三个方向合击温井志愿军的企图，三路敌军的总兵力可能达 6 至 7 个团。

洪学智将长臂一伸指向地图说："我认为，目前应该放弃首歼熙川之敌的计划，以 40 军坚决阻击向温井进攻之敌，对伪第 6 师 7 团采取围而不歼的战法，以诱熙川、云山之六七个团的敌人来援。尔后，集中 38、39、40 军将敌围歼于云山以北。"

他一说完，邓华和韩先楚同时点头："我们同意老洪的

61

意见。"

彭德怀点头说："那就这样定了，马上给各军、师发电报。"

于是，志愿军司令部下令，改变原定围歼熙川之敌的计划，决定首先以第40军主力吸引各路进犯之敌于龟头洞、立石洞、天水洞、龙浦洞地区，然后以第38、第39军从东西两面出击，在温井地区聚歼各路敌军。

10月28日下午，洪学智和志愿军司令部领导正在研究作战情况时，收到了毛泽东的来电。来电指示：目前战役的关键是两点；一是确实抓住古场楚山之伪7团，不使逃跑；二是我3个军全部到齐并完成战役展开，如此则我攻击时迅猛有力，保证歼敌。

彭德怀即刻下令："令40军主力迅速歼灭向温井进攻之敌，尔后向南突击；令40军118师协同50军148师迅速消灭古场地区之伪第6师第7团。令39军115师让开泰川通往龟城的公路，让美第24师继续北进以分散敌人兵力，集中兵力先将云山之伪第1师包围起来，尔后待机歼灭之。令38军迅速攻占熙川，尔后向球场、军隅里方向突击。同时令66军急速向龟城前进，阻击美第24师。"

28日晚，我军按照预定部署开始行动。40军主力即向温井以东之敌发起了攻击，激战至29日晨，将南朝鲜第6师两个营、第8师两个营共4个营大部歼灭，随后继续向南突击。

29日午夜,洪学智兴奋地向彭德怀报告:40军打来电报:118师已于当晚进至古场地区后,即乘敌动摇之机于当日晚向伪第7团发起了攻击,经过一夜战斗,已将其大部歼灭。

彭德怀听到这个消息非常高兴。因为两天来,40军已连续取得了两水洞战斗、龟头洞战斗、龙谷洞战斗等作战的胜利,共歼敌1400余人,为了表彰他们,彭德怀当即指示以彭邓洪韩解杜的名义给他们以"特电嘉奖":

> 我四十军不顾疲劳及敌机轰炸,勇敢作战,已基本上歼灭了伪六师及八师两个营,缴获颇多。……值得表扬,特电嘉奖。

在第40军部队歼灭当面之敌的同时,第39军于29日全部进至云山周围地区。第117师位于云山东北的马场洞地区、第116师位于云山西北的鹰峰洞地区、第115师主力位于云山西南的龙兴洞地区,从而对云山地区的南朝鲜第1师构成三面包围,并坚决阻击南朝鲜第1师的西进、北犯。

在此期间,第66军主力也全部渡过鸭绿江,作为志愿军预备队的第50军主力亦正在过江,向铁山半岛集结。

至10月31日,西线志愿军主力已在古军营洞、塔洞、泰川(北)、云山(北)、温并、熙川一线,完成了战役展开,并在展开中歼灭南朝鲜第 6 师大部和第 8 师 2 个营，三面包围云山地区的南朝鲜第 1 师，占领熙川，为尔后作战创造了有利的条件。

又是一个不眠之夜。彭德怀、邓华、洪学智等都守在作战室里，等待着各军的消息。

30 日晨，第 38 军的电报来了。

根据志愿军总部的部署，第 38 军应于 28 日对熙川之敌发起进攻。但 27 日下午，该军得到情报，称熙川地区有美军黑人部队和南朝鲜军 1 个团，与志愿军司令部通报的情况不一致。因此，该军推迟了攻击熙川的时间。29 日黄昏，第 38 军以第 112、第 113 师向熙川发起进攻。但此时驻熙川的南朝鲜军已经弃城南逃，歼敌良机丧失。

彭德怀发火了。

此时，志愿军在朝鲜清川江以北地区，已可集中 10 个师至 12 个师、12 万至 15 万人作战，而美第 8 集团军则可投入美军 3 个师、英军 1 个旅、南朝鲜约 2 个师，共约 6 万至 7 万人作战，志愿军在兵力上占有 2∶1 的优势。由于志愿军在开进中严密伪装，严格保密，隐蔽战略、战役企图，所以"联合国军"对志愿军的情况仍然懵然无知，并对志愿军的参战意图和参战兵力判断错误，美第 8 集团军仍背依清川江，以师或团为单位，分散配置在龟城、定州、云山、球场、博川一线上，美军与南朝鲜军之间空隙很多。这就使志愿军获得了分割包围、各个歼灭敌人的有利战机。

11月1日9时，彭德怀等志愿军首长正式下达攻击部署：决定以对美第8集团军侧后实施战役迂回，结合正面突击的战法，集中志愿军主力，在西线各个歼灭云山、泰川、定州、宁边、球场地区之敌。

云山是朝鲜民主主义人民共和国平安北道云山郡政府所在地，是朝鲜北部的交通枢纽，有通向东北的云（山）温（井）公路，通向西北的云（山）昌（城）公路，通向东南的云（山）宁（边）公路，通向西南的云（山）博（川）公路。北有三滩川，东有温田川，西有龙兴江，南有九龙江。城区周围群山连绵，山上密林覆盖，山谷河流纵横。

1日17时，第39军主力开始总攻云山。配属第39军的野战炮兵部队和各师团队属炮兵分队对敌实施炮火急袭，第39军装备的六管火箭炮也首次投入实战，对敌纵深目标实施两次齐射。10分钟后，第39军主力2个师，兵分三路，向云山城发起全面进攻。

总攻发起前，第39军并不知晓美骑兵第1师已经接替南朝鲜军的防务。进攻发起后，各路部队攻入敌阵，发现交战的均为美军部队，方得知美骑兵第1师已经在云山布防。

美国陆军骑兵第1师创建于美国独立战争期间，号称"开国

65

元勋师"，参加过两次世界大战，是美军的"王牌师"。该师为全部机械化装备，为了保持部队荣誉，仍保留了"骑兵师"的番号。进入云山的第8团，加强了美第9野战炮兵营、第6坦克营等分队，火力和机动力很强。另外尚有南朝鲜第15团协助防御。

第39军多少有些激动，将美军"王牌师"的情况报告给了司令部。洪学智站在地图边，正和邓华研究战情，他接过电报看了一眼，递到邓华手中，朗声说了句：来得好啊，我们打的就是他这个王牌师！

看着周围年轻的参谋处长们用不解的目光看着自己，洪学智笑了，他拉过一把椅子，把大家招呼过来，侃侃而谈：

打仗，孤傲是兵家大忌！"王牌师"的骄横不仅来源于他们自诩不凡的历史，还有相当一部分来自他们的最高指挥官麦克阿瑟的自信。就在十几日前的10月15日，杜鲁门亲自飞往位于太平洋中部的威克岛，单独会见联军最高司令麦克阿瑟。杜鲁门希望从麦克阿瑟这里得到对北朝鲜的入侵不会导致中国干涉的保证。麦克阿瑟的回答是：发生的概率"非常小"，并且即使中国真的决定跨过鸭绿江，美国的空军也会"屠宰"他们。麦克阿瑟暗示总统，战争很快就要结束了。

长官的意志极大地影响了部属和士兵，这些入侵北朝鲜的美国士兵，在夏季经受了无情的酷热，现在又开始遭受冬季的严寒，士兵们都渴望着回到美国或者日本，待在温暖、干燥而舒适的营房里。毕竟，麦克阿瑟将军已经宣布，部队将"在圣诞节前回家"。"王牌军"的官兵们对这种传闻深信不疑，相信最艰苦的时期即将过去，根本没有考虑到自己将会面临灭顶之灾。孙子说：夫惟无虑而易敌者，必擒于人。那种既无深谋远虑而又轻敌的人，必定会被敌人俘虏。我们的部队快速推进，迅速出击，这就是兵法上说的：势如弩，节如发机。所谓"激水之疾至于漂石，鸷鸟之疾至于毁折"，湍急的流水能冲走石头，鸷鸟疾飞至于毁折，我们出击的时机掌握得准确，一发而制敌！

末了，洪学智看着众人，大手一挥说："所以我说，'王牌师'来得好啊！我们打的就是这个'王牌师'！"

洪学智话令大家深受鼓舞。

志愿军司令部首长的这句话，很快传到了部队中，仿佛给部队注入了一支兴奋剂，志愿军战士们的斗志更加昂扬。11月1日黄昏，志愿军西线部队开始对清川江以北地区的南朝鲜军和美英军展开猛烈攻击。在志愿军的猛烈进攻下，南朝鲜第15团遭到歼灭性打击，美第8团也伤亡惨重，无力继续防御，只得利用夜暗分头向立石、宁边、龙山洞逃窜。

志愿军第39军部队对逃窜之敌展开坚决的阻击和追击。战至2日清晨，美第8团和南朝鲜第15团大部被歼，余下的美第8团指挥机构和第3营被志愿军第345团压缩包围于云山城南诸仁桥以北、立石下洞公路以西的河滩开阔地。美军见突围无望，遂构筑工事固守待援。

云山战斗打响后，主攻连第 1 连以勇猛的动作楔入敌阵，仅用 50 分钟即攻占龙头洞，歼灭美骑兵第 1 师第 5 团 1 个连，计 100 余人，缴获迫击炮 3 门。11 月 2 日，志愿军司令部对第 343 团 1 连予以"通令嘉奖"，并指出："从此次作战中，可看出我军指战员的战斗素养与作战精神比敌人强，我以一个连即能歼美军一个连。"

2 日下午，美军孤注一掷，在 10 余架飞机的支援下，以重炮和坦克掩护步兵，以两个多营的兵力对志愿军第 343 团阵地发动进攻。美军的炮火和凝固汽油弹将志愿军阵地炸成火海，工事大部被毁，但志愿军官兵以"人在阵地在，誓与阵地共存亡"的革命精神，顽强地守住了阵地，击退美军的进攻。美军伤亡达 400 余人，最终被迫放弃北援云山的企图。

3 日 18 时云山战斗全部结束。志愿军第 39 军重创了美骑兵第 1 师，歼灭南朝鲜第 15 团大部，毙伤俘敌 2000 余人，其中美军 1800 余人，缴获飞机 4 架、击落飞机 3 架，击毁和缴获坦克 28 辆、汽车 170 余辆，各种火炮 119 门，取得了志愿军与美军第一次较量的胜利。以美国为首的"联合国军"第二任总司令李奇微在他的回忆录中描写云山战斗时写道："中国人对云山西面第 8 骑兵团第 3 营的进攻，也许达到了最令人震惊的突然性。"

云山战斗，是中国人民志愿军部队和美军部队在朝鲜战场的首次交锋。人民军队英勇顽强的战斗作风，利用灵活的战术，以劣势装备战胜了号称"王牌师"的美军骑兵第1师。这一胜利，极大打击了美军的嚣张气焰，也进一步坚定了志愿军的战斗信心。

美国人莫里斯·艾得曼所著的《美国人眼中的朝鲜战争》中，关于云山一役是这样说的：

1951年4月，志愿军司令员兼政委彭德怀（右二）、第一副司令员兼第一副政委邓华（右三）和洪学智（右一）在志愿军司令部召开的欢迎中国人民第一届赴朝慰问团大会主席台上。

接下来的事实很快证明：美国人的这种自信完全是个错误。战争离结束还差得远呢。中国军队对美军部队的第一次攻击发生在 11 月 1 日。中国军人袭击了驻守在北朝鲜小镇云山的美国第 1 骑兵师第 8 团。这次袭击完全出乎美国人的意料。中国军队切断了美国人的退路，以勇猛的近距离作战使美军部队遭受了重大的伤亡。中国士兵在嘹亮的军号声中，蜂拥冲向美军的防御阵地。第 5 骑兵团徒劳地企图冲破中国军队的防线以救援被包围的第 8 团，也同样遭到了沉重的打击。第 5 团的诺曼·艾伦上尉在云山战斗之后不久写给家里的堂兄的信中说："谁敢说那些不是中国人，那这个人肯定是疯了。"

# | 第三章 |
## "你是一个好人呐！"

**1.** **话音未落，一串黑乎乎的东西从天而降，落地后，一串冲天的烟雾腾空而起。**

按照自己以往的习惯，战斗结束后洪学智到战场上实地走了一趟。他特别来到了 343 团的阵地。美军的炮火和凝固汽油弹已经将阵地翻了几个个儿，阵地周围的植被全部消失，树木只剩下东倒西歪的烧焦的黑色枯枝，阵地上倒下的战士们英勇的身躯历历可见。

尽管之前，他鼓励干部战士们不要畏惧敌人的飞机大炮，但站在焦土一片的阵地上，他深知，必须要高度注意敌人先进武器的威胁。

防空。洪学智心情沉重地思考着。

回到大榆洞指挥所，洪学智刚跳下汽车，就看见一大群人围着，看见他过来了，一个参谋高兴地跑过来说：快看，洪副司令，我们缴获了美国鬼子好多东西！

洪学智走过去一看，嗬，山道边一溜儿排了好长两串美军的汽车，车上还装着各种武器装备及食品。

原来，云山战役结束，美军仓皇撤退，一大批汽车及武器装备来不及带走而丢弃了，为防止敌人派飞机用汽油弹炸毁、烧毁，志愿军们迅速打扫战场，志愿军司令部也参加了，缴获了

1950 年，洪学智在志愿军司令部所在地大榆洞前。

60 多辆汽车。

看到缴获了这么多汽车装备，彭德怀很高兴，邓华和洪学智等人也挺高兴。

洪学智命令把武器和食品分发给部队，因为一下子没有那么多的司机，汽车就暂时先不发放。洪学智特别交代，美国飞机近来经常来大榆洞附近侦察袭扰，为安全起见，让车管部门把汽车分散存放，疏散藏在驻地附近的一条山沟里，并在汽车上铺上树枝和稻草捆子做伪装。

这天下午 1 点多钟，敌机突然来了，好几架，听声音飞机飞得很低，洪学智冲出隐身处一看，说了声"不好——"

话音未落，一串黑乎乎的东西从天而降，落地后，一串冲天的烟雾腾空而起。

敌机显然是有目的而来，超低空在山沟里飞来飞去地转悠，飞机飞行时带起的气流，把汽车上伪装的树枝和稻草捆子掀掉了，汽车暴露了出来。敌机噼里啪啦地一阵狂轰滥炸。

指挥所没有防空武器。有的战士急了，就用步枪机枪朝飞机打。敌机发现了，拼命地报复，又飞来了几十架，更疯狂地轰炸、扫射。洪学智赶紧指挥大家隐蔽，眼睁睁地看着敌机丢光了所有的炸弹才离开。

敌机走后，洪学智带人迅速赶到藏车的沟里抢救，但已经晚了，汽车被炸掉了 30 多辆。他心疼得直跺脚。

洪学智和解方走到彭德怀的办公室向他汇报，彭德怀显然已经知道事情的经过，正在生气，要拿司令部是问。见了他们两个，虎着脸用手指着说："你们是怎么回事？这些汽车为什么不疏散不伪装？"

连续数日紧张的战事，彭德怀已经很劳累了，现在看着自己的老总这么生气，洪学智挡在解方面前走上去，用他一贯的亲和的笑脸微笑着说："老总，这些汽车确实伪装了，也疏散了，还是被美国鬼子的飞机给炸了，这些美国飞机太可气了。咱们没有防空，有什么办法呢？"

洪学智说的是实情，彭德怀不说话了，但还是瞪着眼睛"哼"了一声。

洪学智又笑着，上来拉了一把彭德怀说："打了就打了，打了以后再缴嘛！"

彭德怀气得又嚷嚷起来："什么叫打了就打了，啊？"

洪学智双手一摊说："老总，消消气吧。这么多汽车被打烂了，司令部的同志都难过得不得了了。那我怎么办？你找我算账，我只能找美军算账，是吧？"

彭德怀听了这话，不吭声儿了，慢慢地消气了："洪麻子你这个人哪！你这个人哪！"

## 2. 洪学智用明亮的眼睛看着梁兴初："你梁兴初的脾气我了解，这次没打好，下次好好打！"

第一次战役结束后，西线志愿军主力停止于清川江沿岸地区，与美第8集团军部队隔江相对，并继续争夺江岸桥头堡阵地；志愿军第42军主力继续在东线长津湖地区节节阻击北进的美陆战第1师，掩护第9兵团开进。

志愿军突然出现在朝鲜战场，在美国政界、军界引起一阵骚动、不安和猜测。美第8集团军司令沃克似乎意识到我军主力已过江参战，为查清我参战的兵力、意图，1950年11月6日，在一次战役结束后的第二天，即以一部分兵力开始向志愿军发起试探进攻。与此同时，11月5日，麦克阿瑟命令远东空军动用全部力量，以两周时间打击在朝鲜境内的中国人民志愿军和朝鲜人民军，此次轰炸行动于12月5日结束。鸭绿江上的公路桥梁大部被炸断，朝鲜北部的重要城镇几乎全被夷为平地，成千上万的朝鲜平民在美军飞机的狂轰滥炸中丧生。

在这种情况下，我军稍有不慎，就会陷于被动。

志愿军入朝第一次战役的胜利，对鼓舞朝鲜人民士气，稳定人心，使志愿军站稳脚跟，坚持继续作战，均具有重要的意义。但整个战场形势并未发生大的改变，志愿军在朝鲜也还没有根本站稳脚跟。志愿军连续 10 天作战已很疲劳，加之运输困难，寒冬到来，部队长时间野外露营，难以保持战斗力。11 月 4 日，彭德怀与邓华、朴一禹、洪学智、韩先楚和解方等进行了深入的研究，提出了一方面组织部队利用朝鲜北部山区隐蔽休整，总结第一次战役的经验，恢复体力；另一方面改善交通运输状况，加强运输工作，储存粮弹。"如敌再进，引诱其深入后歼击之"的作战指导思想，并致电毛泽东主席。5 日凌晨 1 时，毛泽东来电批准了彭德怀提出的方针。

同日 22 时，毛泽东主席发来电报确定宋时轮率第 9 兵团（辖第 20、第 26、第 27 军 3 个军）立即入朝，全力担任东线作战任务。

11 月 13 日，志愿军党委举行扩大会议，史称志愿军党委第一次会议。

第一次战役结束，志愿军适时召开了中共志愿军委员会第一次全体会议，对第一次战役进行总结，对下一步的作战方针、任务作进一步的研究和部署。

这是个寒冷的日子，两天前，朝鲜北部山区降下了进入冬季后的第一场大雪，气温明显下降。今日倒是晴天，清晨的阳光透过树梢照在雪地上，放眼望去，大榆洞外的群山丛林一片白雪皑皑，清亮美丽。

难怪朝鲜被称为"晨曦清亮之国"，真是个美丽的国家。站在雪地上，洪学智不由得感慨。

但是他今天的心情却无法轻松。彭德怀这几天一直不太高兴。彭德怀为什么不高兴，洪学智是知道的，因为38军在第一次战役中没能按他的命令把敌人的退路切断。

下午，邓华、洪学智、韩先楚、解方、杜平先到了。不久，远处走过来一行人，他们是38军军长梁兴初，39军军长吴信泉，40军军长温玉成，42军军长吴瑞林，66军政委王紫峰。踩着脚下咯吱咯吱的积雪，各路将领互相打着招呼。

自从跨过鸭绿江后，20多天，这些各路英雄在枪林弹雨、硝烟弥漫中，不分昼夜，连续苦战，极难得聚到一起。志愿军总部热闹了起来。

晚饭后，众人陆续来到作战室，就是那间原是看守变压器的木板构成的小平房。彭德怀也进来了，他跟39军、40军、42军、66军的领导分别握手寒暄了几句，唯独到了38军梁兴初面前，把脸一板，走过去了。

彭德怀脸色不好梁兴初心里当然明白，但他没想到的是，彭德怀居然发了那么大的火。

大家围着大方桌就座。彭德怀主持会议。

邓华先发言，把总形势和第一次战役的大致情况做了介绍，并总结了第一次战役的经验教训。邓华说："在第一次战役中，志愿军的重要教训是，战役开始时敌人分兵冒进，我军又占突然袭击之利，可是歼敌数量不多，远未达到消灭敌三个师的目的。总的来说，这次击溃敌人多，歼灭敌人少。客观原因是由于时间仓促，准备不充分，山大林密、道路不熟，语言不通等。除客观原因外，还有一些主观方面的原因。有的部队在敌我力量相等的情况下，不是首先断敌退路，突然出击。有些同志还不懂得把自己的主力插到敌人侧背攻击，包围、歼灭敌人。特别是熙川战斗，南朝鲜军两个团本来已被我截断了退路，但113师则迟未发起攻击，结果让敌人跑掉了。"

讲到这里，仿佛风雨欲来，作战室的气氛开始紧张，大家紧张地注视着彭德怀的表情。

彭德怀的脸色已经转阴，绷紧的脸上充满了怒气。

邓华接着说："有些军动作太慢，白天不敢行动，主要是怕飞机，夜间本来是歼敌的好机会，结果由于对敌人估计过高，又不敢大胆地截断敌人退路，使已进入我军口袋之敌又全部逃跑。对分兵冒进、立足未稳的小股之敌的攻击，采取了对强大敌军固守阵地的攻击部署，行动迟缓延误了战机——"

"啪！"地突然一声响，满屋的人为之一惊。只见彭德怀将宽厚的大手向桌上猛地一击，震得桌上的东西都跳了起来，大家看着彭德怀发紫了的脸，全场寂静无声。

"梁兴初！"彭德怀大声吼了一声。

梁兴初胆怯地站了起来。

彭德怀的手指都颤抖了，盯着梁兴初厉声问："梁兴初，我问你，你！我让你往熙川插，你为什么不插下去？你是怎么搞的？"

梁兴初觉得脑袋炸开了，嗡的一下，热血涌上脖颈，涨得通红。他站在那儿，看着彭德怀说："彭总，我们对敌情判断有误……我以为……"

彭德怀严厉地说："你以为什么？我告诉你只有一个营，你们硬说有一个团。美军团有什么了不起？美军团为什么不能打？什么美军团，你们是自己吓自己！"

彭德怀气得直喘粗气，继续说："由于你们对敌情判断的错误，致使延误了时间，又由于你们行动迟缓，使球场的伪军2个团跑掉了。更重要的是没有完成战役迂回、截断敌人后路的任务。"

梁兴初脸涨得通红。

将近半个世纪后，梁兴初将军已经作古，他的夫人——时任军医院护士的任桂兰回忆起这一段，印象清晰："当时梁兴初啊，非常激动，坐在他身边的是丁甘如，就是作战处长，他拉住梁兴初的衣服，就不让他说话。"

副司令员邓华在一边劝解道，38军这一仗没有打好，还是主力部队嘛。谁知怒火旺盛的彭德怀拍着桌子骂道："什么主力，主力个鸟！都说你梁大牙是员虎将，我看是鼠将！老鼠的鼠！"他狠狠瞪着梁兴初："毛主席三令五申，打好出国第一仗，你38军一再拖延攻击时间，这是延误军机。老子别的本事没有，斩马谡的本事还是有的！"

按说38军是能够胜利完成断敌退路的任务的。且一旦此举成功，志愿军就有可能各个歼灭清川江以北的敌人。

此举关系重大，毛主席曾于11月2日19时电示彭德怀等："请注意使用38军全军控制安州、军隅里、球场区域，构强固工事，置重点于军隅里，确实切断清川江南北敌之联系。歼灭美二师北援兵力及伪六、七、八师余部，并尽可能向南伸出直到平集附近。只要此着成功，即是战略上的胜利。一二五师，则控制德川据点及顺川、元山间铁路线。我三十九军、四十军、六十六军及五十军主力，则担任逐步地各个地歼灭清川江以北以西之敌伪一师、美骑一师、美二十四师、英二十七旅等部。"

当日22时，毛主席又电示，指出此役"全局关键在于我38军全军以猛速动作攻占军隅里、价川、安州、新安州一带，割断南北敌人联系，并坚决歼灭北进的美军第2师。此是第一紧要事，其余都是第二位。"

第38军是红军第三军团一个师的老底子发展起来的，一直打得很好。梁兴初也是历来以打恶仗而闻名，当过红军第一任骑兵侦察连连长，从红军时期到解放战争，他九次负伤，从平型关战斗中的 685 团营，到黑山阻击战的十纵司令，战功赫赫：在他的指挥下，十纵打法库，攻开原，在黑山阻击战中，孤军作战，抗击五倍于我的敌精锐部队，为四野全歼廖耀湘兵团立下战功。在长期的革命战争中，梁兴初以一员虎将著称。解放战争时期，他是四野的"常胜将军"，经常受到总部首长的表扬，不料抗美援朝第一仗，却因指挥失误被彭德怀点名批评。

骂完的彭德怀随即宣布了新的作战计划，史称抗美援朝第二次战役。谈完具体部署的这位司令员，扫视着众位部将们说："这次哪个军再打不好，军长就不要干了！番号也撤销！谁打得好，我按功嘉奖！"

会议散了，梁兴初还呆呆地坐在那里，眼睛直勾勾地盯着面前的作战地图。洪学智留了下来，安慰梁兴初。

梁兴初头埋着，对洪学智说："洪副司令，我们 38 军可从来没打过这样窝囊仗呀！"

洪学智说："老梁，你要理解彭总，批评是批评，但他对 38 军仍是很信任、很器重的。你要冷静，下面一系列关键的任务，还要你们 38 军去执行去完成。"

洪学智在他面前站下。洪学智说："老总功过是非分明，大家都很清楚。"

洪学智用明亮的眼睛看着梁兴初："你梁兴初的脾气我了解，这次没打好，下次好好打！"

梁兴初站起来，捏着拳头，眼里有光闪动说："请你们放心，下次仗我们一定要打好，一定打出威风来。我梁兴初不是胆小鬼。"

洪学智伸出手，两双大手紧紧相握，信任与温暖传递。

梁兴初抬头大步走了出去。

82

朝鲜战争中，特别是在战争初期，在志愿军没有制空权的情况下，前方和后方，安全和危险，是没有什么绝对分界线的。

就在志愿军党委会开过后的第二天，美国飞机轰炸了大榆洞。

美军飞机的再一次轰炸袭击，引起了洪学智的警觉。

## 3. 不知过了多久，突然，彭德怀一把抓着洪学智的手，激动地说："洪大个儿，我看你这个人还是个好人呐！"

自从进入朝鲜，因为没有制空权，洪学智对美军飞机的行动格外注意。他发现，志愿军司令部进驻大榆洞后，这里已经多次遭到美军飞机的袭扰轰炸。看来这条原本僻静的山沟野矿突然有了人烟灯火，引起了敌人的注意。

连续几天，洪学智在大榆洞四周查看，他爬上周围的山顶，隔着不同的距离看指挥所的位置是否隐蔽，晚上的灯光泄露有多远。这一看，他看出问题来了。

二次战役即将发起，作为总部机关的大榆洞呈现出一派紧张、繁忙的景象，来往进出的人多了，大家走路的节奏也都加快了，从姿态上看，很容易辨认出是军人而不是普通的老百姓。特别是彭德怀办公室，彭德怀夜以继日地工作着，经常熬通宵，有时闭上眼睛打个盹儿就算是休息过了，灯光一亮一昼夜。彭德怀办公室常驻的人员有：办公室秘书长解方，副秘书长兼办公室主任张养吾，杨凤安为办公室副主任，还有参谋成普、秘书毛岸英、朝语翻译金昌勋、警卫员郭丰光等。还有几个作战部门，情况也差不多。

这个时期，为了尽量不暴露志愿军主力入朝的目标，志愿军司令部曾一度规定各部队不准用轻武器打美军飞机。因此美军飞机横行无阻，猖獗到令人难以置信的程度。美机飞得极低，不但可以擦着房顶、树梢飞，还可在山沟里钻来钻去，搜索目标，见人就打，见车就炸，甚至见到地面上的一垛草、一头牛、一条狗、一只鸡、一缕炊烟，也要打上几梭子弹。总部进驻大榆洞短短的一个月中，多次遭到美机空袭。

按照分工，洪学智分管司令部工作，志愿军总部的防空也归

83

他管。洪学智考虑了一番后，找到邓华，说为了彭德怀的安全，建议在离彭德怀住房外十几米的地方，沿山沟处挖一个防空洞，有紧急情况就让他进去隐蔽。彭德怀的安全事关重大，邓华连连赞同。

事不宜迟，洪学智当天就调来了一个工兵连，指示他们在指定的地方挖洞。连续两天，洪学智都去看挖洞的进度，指示工兵战友们注意安全。早晚天气寒冷，冻土不好挖，洪学智提示他们利用中午前后太阳大的时候把炮眼打好。彭德怀的俄语翻译毛岸英有空时也跑来帮忙。

1950 年 11 月 16 日上午，彭、邓、洪、韩、解又在一起继续研究第二次战役的准备。

解方说："自 11 月 6 日敌人向我试探性进攻以来，我军即按照预定计划以部分兵力实施节节阻击，缓慢后移，诱敌深入。敌人全线推进，但行动十分缓慢。到昨天为止，仅分别前进 9 至 16 公里，距我预定歼敌地区还较远。"

韩先楚说了句："是不是敌人有了上次冒进的教训，变得小心谨慎了。"

洪学智点了下头："有这种可能，不过，还有一种可能是我们 112 师在飞虎山顶得太硬了，沃克对我们产生怀疑了。"

洪学智的判断是正确的，事后他们得知，当时的沃克确实对志愿军产生了怀疑，他曾质问他的情报部门："不是说是中共的小股部队吗？小部队怎么这么厉害，这么能打呀？"

邓华说："如果照这种速度，敌人得什么时候才能到达我们的攻击线呀！"

敌人如不能按预期进入我们的包围圈，诱敌歼敌的计划就无从谈起。

彭德怀拧着眉毛问："这是个新问题，你们看怎么办呢？"

洪学智用大手拍拍地图，说："要想使敌人放弃疑虑，我们不能坐等。我意：我军最好连小规模的阻击、反击也放弃，主动大步后撤。"

85

彭德怀认真思索了片刻，点点头说："我同意这个意见。电令各军，不要再向进攻之敌进行反袭击，主动后撤，再大步向后撤十几公里。"彭德怀沉吟了一下又说："不过，撤退的时机和方式一定要掌握好，一定不要让敌人发现我们的意图，而要给敌人一种错觉，以为我们打不赢他们，是撤退了，他们才好放心进至我预定地区。"

开完会，洪学智去查看防空洞的进度。却发现那里静静的，防空洞挖了一半，人却一个没有。天已是快中午了也没看到工兵连的人。正在四处张望，毛岸英过来说，昨天晚上挖洞的工兵们放炮，声音太大，彭德怀忙了几天好不容易晚上能睡觉了，被震醒了。彭德怀生气，把工兵连撵走了。

洪学智对警卫员说,你去把连长叫来。说我找他。

一旁的毛岸英马上说:洪副司令,我去。

毛岸英很聪明,把连长叫来了,也把工兵战士们一起带回来了。

洪学智对连长说:"防空洞继续挖,动作要快。尽快完成。"

年轻的小连长挠挠头:"我怕彭总生气又撵我——"

洪学智笑了:"他撵他的,你们挖你们的嘛!"

连长还是转不过弯来,问:"那——要是彭总问我们怎么又来了,咋办?"

洪学智笑出声来,说:"你们就说是洪副司令又让来的,洞子不挖好不能停。怕晚上吵了老总睡觉,你们动动脑子嘛,比如说可以先一口气多打几个眼,集中起来放一炮。放炮前,先同老总警卫员说说,让警卫员提前告诉老总一下,让他有个准备。记住,洞子不挖好不能停。"

连长高兴了,一个立正,带着工兵连挖了起来。

傍晚时分彭德怀出来散步,看见挥汗如雨的一群小伙子,板起脸问:"谁叫你们来的?"

满头汗水泥土的小连长呲着小白牙笑了,答:"是洪副司令叫我们来的。"

彭德怀把脸一沉:"马上给我停了!"

小连长把脖子一梗,答:"洪副司令说,洞子不挖好不能停。"

彭德怀把手一背，大声叫来警卫员："去，把洪学智给我叫来。"

其实，彭德怀的声音一高，在作战室的洪学智就听见了，警卫员还没到，他就跑到彭德怀面前。彭德怀一见他就大声说："洪麻子你在山上瞎鼓捣什么，没事干了？"

洪学智笑眯眯地说："不是瞎鼓捣，也不是没事干，挖防空洞，为了防空，保证你的安全！"

彭德怀生气地说："我的防空，不用你管！"

洪学智还是笑眯眯地说："老总，你这么说就不对了，保证你的安全，就是保证志愿军司令部的安全，这是中央交给我的任务，我是执行中央的命令呀！"

彭德怀看着一脸诚恳的洪学智，气也消了："你这个人哪！你这个人！"

洪学智回身对工兵连长说："彭总同意了，你们继续，抓紧时间尽快完成。"

在洪学智的催促下，工兵连抓紧时间白天黑夜不停地挖，很快把防空洞挖好了。洪学智趁热打铁，又命人在这个洞上面几十米远的地方，又挖了一个更大一点的洞，作为研究作战用。

洪学智当时也不知道，这个昼夜不断挖成的防空洞，几天之后就派上了大用场，发挥了不可替代的巨大作用。

87

　　志愿军一退再退的行动，果然使敌人产生了迷惑。

　　敌人错误地判断我军的兵力"最多不过六七万人"，以为正在实施的空中打击已迫使我支援部队不能进入战场，便开始全力猛攻。到 21 日，西线敌人已进至其"攻击开始线"，完成了战役展开。

　　对于参战的双方来说，1950 年 11 月 24 日都是一个特别的日子。

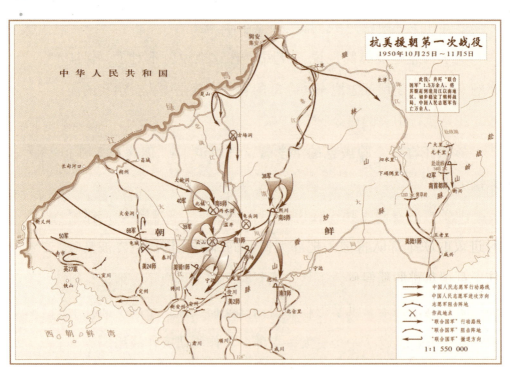

　　第一次战役从 1950 年 10 月 25 日开始至 11 月 5 日结束。志愿军第 38、第 39、第 40、第 42、第 50、第 66 军和炮兵共投入 29 万余人的总兵力参战。

　　24 日一整天，"联合国军"总司令麦克阿瑟都繁忙且风光。总是自行其是、独来独往的他亲自率领几位部下和众多记者从日本飞赴朝鲜。在记者们照相机的快门声中，他发表了一通谈话，史料关于这次谈话有许多不同的版本，但大意都是：我已经向小伙子们的妻子和母亲打了保票说，小伙子们将在圣诞节回国！然后他下令发起结束朝鲜战役的总攻。当然无人怀疑这位司令官的判断，整个西方世界都在跟着麦克阿瑟走。美国通讯社甚至报道说，中朝武装已无力交战。在"联合国军"坦克的追击下，仓皇逃入白雪茫茫的森林中。路透社记者也乐观地报道："美国、英国和韩国的部队由于受到麦克阿瑟将军亲临前线指挥和他答应圣诞节前可以回家的鼓励，可望在 24 小时内，冲破共军的主要防线。"

　　傍晚回到东京的麦克阿瑟又发表了一个黄昏公报，宣称："今天上午钳形攻势的西段发起了总攻，已完成包围并夹紧钳子，倘能成功，这实际上将结束战争。"按照他的计划，东西两线同时进攻的联军部队将像一把巨大铁钳的锋利牙口，只要被其咬住，都很难逃脱粉身碎骨。

　　就在这一天，志愿军政治部发布《第二次战役政治动员令》，指出：这一战役十分重要，关系到整个战局发展的趋势。只有狠狠地再消灭敌人几个师，才能巩固第一个战役的胜利。面对继续前进的敌人，志愿军司令部再次修改了预定的作战计划：集中 6

个军于西线向敌之主要进攻集团实施反击。以 38、42 军两个军迅速歼灭德川、宁边地区之南朝鲜第 2 军主力，尔后向价川和顺川、肃川方向实施战役迂回，切断敌人退路，配合正面 40、39、66、50 军，在运动中歼灭向北进攻之美军两三个师；第 9 兵团在东线以主力歼灭美陆战第 1 师两个团于长津湖地区，尔后在运动中继续歼灭敌人。

24 日这天，志愿军部队已全部进至预定的集结位置，完成反击作战的准备。志愿军一线作战总兵力为 9 个军共 30 个师，38 万余人。其中西线 6 个军 18 个师，23 万余人；东线 3 个军 12 个师，15 万余人。他们的对手——"联合国军"总兵力为 55.3 万余人，其中地面部队 42.33 万余人，空军 5.5 万余人，海军 7.5 万余人。

24 日这一天还有另外一件事情，这一天，期盼胜利的毛泽东为将士们担心，给彭德怀等志愿军将领发电：请你们充分注意领导机关的安全，完全不可大意。并特地提醒：此次战役中敌人可能使用汽油弹，请你们研究对策。

毛泽东的预感似乎出奇地灵验，仅十几个小时后发生的悲剧不幸被他言中。

24 日这天午后，突然来了美军的 4 架飞机，在大榆洞上空转了几圈，轰炸袭击了两次，打坏了坡上的变电所。黄昏时，又来了几架侦察机，美国人叫"野马式"，转了几圈后飞走了。

一天之内，敌机两次来转，而且侦察机还飞得很低，又一次引起了洪学智的怀疑。

经过数日的交手，洪学智发现，美军有一个特点，即在每次较大的进攻前总要派出大批飞机进行侦察和轰炸。通常是飞机第一天在哪儿转，第二天一定炸哪儿。另外，也不排除敌人一直在寻找并且试图摧毁志愿军司令部指挥机关这种可能性。

晚饭都没顾上吃，洪学智就找到邓华："伙计，我看不对劲儿，明天敌机很可能要来轰炸我们。是不是研究一下怎么预防呢？晚饭后召开个防空准备的紧急会议吧！"

邓华也有同感，说："是得研究一下怎么防。"

洪学智与邓华、解方、杜平几个人一起开了会，做了几条明确规定：第一，要求志愿军司令部机关的干部、战士第二天天亮以前都要吃完饭；第二，天亮以后都不准冒烟；第三，全体人员都要疏散。开完会后参谋长解方向机关传达布置。洪学智还是不放心，他又跑到防空洞去检查。为保险起见，他又把工兵连找来，把两个防空洞重新弄了弄，确保万无一失。

已经是小半夜了，工兵整理防空洞的声音传出来，彭德怀听到了，又把洪学智叫去了。彭德怀坐在床边面色严肃地问："洪麻子你怎么又鼓捣起来了？"

洪学智说："老总，这些事你就别管了！"

看着彭德怀睡下了，洪学智走出来，但并没有走开。第二次战役马上展开，按计划明天一早彭德怀和志愿军司令部几个领导要研究下一步的作战方案，而平时这种研究都是在彭德怀住的那小房子里进行的。洪学智觉得明天的研究还是应该放在防空洞里比较安全。可他知道彭德怀肯定不愿意进洞子，他要提前做好一切准备。

半个小时后，洪学智看彭德怀睡着了，他蹑着手脚，冲秘书轻轻招招手，示意他们把墙上的地图摘下来，拿进防空洞去了。

彭德怀有个习惯，就是有事没事老看作战地图，一天到晚背着手站在挂图那儿。屋里没有地图，他就觉得难受。

第二天清晨 5 点多，天还未亮，大家按要求吃完饭，陆续进洞了。但左等右等，彭德怀也没有来。洪学智派警卫员、参谋去催了他几次，他就是不进洞。

邓华说，杜平，你再去，劝老总进来。

杜平说，我去可以，但是洪副司令去更好，他办法比我多。

邓华、解方就说：老洪爱和彭总开玩笑，还是你去劝劝吧！

洪学智就说：我去就我去。

彭德怀正坐在桌边生闷气呢，一见洪学智走进就问："洪大个儿，你把我的作战地图弄到哪儿去了？"

洪学智说："老总啊，地图拿到上面防空洞里去了，已经在那挂好了，要研究下一步的作战方案。别人都去了，等着你呢！"

彭德怀拉着脸说："谁叫你弄去的，在这儿不行吗？"

洪学智还是笑眯眯地说："老总，这儿不安全，到上头去是为了防空安全，这是大家商量定的。"他知道彭德怀是心疼他那幅五万分之一的作战地图，他在那地图上勾勾画画，对地图上重要的地形都很熟悉了，所以洪学智又说："地图拿过去了，火也烧上了，都弄好了。大家都等着你去讨论呢！快走吧，这儿有危险。"

彭德怀的脾气倔得很，就是不走，说："你怕危险，你走。我不怕。我就在这里。哪个要你多管闲事？"

洪学智说："老总，这不是闲事，我应该管的。你不去不行，出了事就晚了。"

洪学智一边说，一边来拉彭德怀，同时高声冲着秘书喊："杨凤安！把彭总的办公用品（毛笔、墨盒、垫板稿纸等）拿来；警卫员！把彭总的铺盖卷起来，和行军床一起拿到防空洞去。"

彭德怀还在大声说："床不要弄，没事！"

洪学智推着他说："没事以后再给你拿回来嘛！"

就这样洪学智连拉带劝地和彭德怀出了办公室，进了防空洞。

邓华几个已经在等着了，彭德怀一到，大家就开始研究第二次战役打响的时间，打响后如何向敌后纵深穿插和实施包围迂回等问题。过了两个多小时，彭德怀急着要了解前线的状况，叫杨凤安去办公室，问问值班参谋前线情况有什么变化。

杨凤安前脚刚出防空洞，天空中一阵轰鸣声，敌人的飞机来了，好几架，进了大榆洞连转圈都没转，直接丢了一串串炸弹下来，有两颗正炸在彭德怀住的房子上，站在洞口的洪学智眼见着一片火海一下子起来了。彭德怀的房子很快就烧着了。

那是凝固汽油弹，落地爆炸后，温度可达近千度，厚厚的铁板也能瞬间烧出窟窿。

也就是一两分钟的光景，房子就变成了废墟。

成普参谋从房子里跑了出来，受了轻伤，但毛岸英、高瑞欣却没能跑出来，牺牲了。

洪学智和彭德怀赶到现场，大火还没有熄灭，看着烧焦的遗体，两人都呆住了。

整整一天彭德怀都没说话，饭也不吃，一个人坐在防空洞里，沉默不语。

傍晚，彭德怀仍旧站在防空洞口发呆。洪学智走到他身边说："彭总，吃点饭吧。"

半天，彭德怀才站起来，他魁梧的身体少见地摇晃着，在暮色中慢慢地说了句："唉，为什么偏偏把岸英给炸死了呢？"

洪学智无法回答，他的心情也十分沉重，只能沉默。眼前再一次出现那个高个子青年军人的身影。

毛岸英是毛泽东的长子，这个28岁的年轻人新婚不久，就主动要求参加志愿军，入朝后担任彭德怀的秘书、俄文翻译，他聪明、活泼，有才华。他仿佛又听见那个总是微笑的年轻人说：洪副司令，我去。

洪学智心里也难过极了。他陪着彭德怀，长久地坐着。

不知过了多久，突然，彭德怀一把抓着洪学智的手，激动地说："洪大个儿，我看你这个人还是个好人呐！"

洪学智不想让老总太悲伤了，想缓和一下情绪，就勉强笑了一下说："我本来就是好人，不是坏人！"

彭德怀长叹了口气，说："洪麻子，今天如果不是你，老夫的命休矣。"

洪学智诚恳地说：老总，配合好你的工作，保证你和志司的安全，是我的责任啊！

彭德怀点头："你这个洪大个子，敢提意见，不怕负责。"

当天傍晚，痛苦中的彭德怀亲自起草电文，把志愿军司令部被炸和毛岸英牺牲的情况，报告了毛主席和中央军委。

电报到了北京，周恩来权衡良久，压下了来电原文，当天只报告了志司被炸，没有将毛岸英的噩耗告诉毛泽东。

中央很快复电，指出朝鲜战争正在紧要关头，为保证指挥不中断，为了志愿军领导的安全，要求将志愿军司令部，分成两部分。

第二天上午，志愿军司令部召开党委会，会议在山坡上

95

进行。

会议一开始，彭德怀就说："分成两部分，我看这样分：一部分在前面，一部分在后面，我在前面，你们几个里头再找一个和我在一起。"

洪学智跟着就说："我陪老总在前面吧。"

邓华不同意："分成两部分，就是为了老总的安全，彭总还是应该留在后面，我和老洪两个在前面，韩先楚你和解方在后面和老总一起。"

解方又不同意了："我们司令部得在前头。"

争论没有结果，还有很多其他事情要议，这个事情就搁下了，下次会议再讨论。

第二天又开了一次会，还是没有结果，人人都争着到前面去。

争执了半天，也没有得到统一的结果，彭德怀急了，大声嚷嚷起来："你们一个个都要到前面去，那安全怎么办？"

洪学智笑着说："老总啊，你的安全才是最重要的。我们去前面，你留后面嘛！"

邓华也说："就是，你留下，我们到前面去，不就好办了？"

彭德怀眉头一拧："你洪麻子的意见不行。"

彭德怀说，先这样吧，大家注意防空就是了。

中央很快又来了指示，要求指定专人负责彭德怀的安全。由党委讨论决定。

党委会上，经过讨论，与会的几个人都认为，洪学智在彭总面前最有办法，决定由他负责。彭德怀没有参会。开完会后，由邓华向彭德怀作了汇报。

深夜，洪学智悄悄去了一趟毛岸英的墓地。他带了一小瓶酒，还有一个好不容易搞到的苹果。一路上，满脑海都是那个爱笑的年轻人生动的面容。

山坟寂静，夜风凄凄，他垂着头久久地注视着这个简易的坟头，一抔黄土下，那个生动的年轻人静静地卧着，再不能跳起来对他说："洪副司令，我去。"

他把祭品放在坟头，用手把坟头的土再培了培，站起身来准备回去的时候，看到一个熟悉的身影正悄然向这里走来。

是彭德怀。

他没有迎上去，只是在不远处站着，守候在彭德怀身后。

天明时分，回到志愿军司令部的洪学智和彭德怀又投入紧张的忙碌中，他们不能在悲痛中浸润太久，第二次战役已经展开，他们要做的，只能是指挥志愿军战士们，把仇恨的子弹，更多地对准敌人。

抗美援朝结束后，直至今天，数十年间，一批接一批的史学家在分析抗美援朝战争胜利的经验，研究到 1950 年 11 月的这一天，都不能不情不自禁地停下笔，凝神思考：志愿军司令部被炸这一惊险事件的细节，已经十分清晰，洪学智副司令员的智慧、敏锐及果断令人感慨。历史前进的车轮往往是由若干个细节的撬动而改变方向的，如果没有洪学智的努力，如果不是他及时坚持地把彭德怀拉进防空洞，朝鲜战争的战史面貌会是怎么样的呢？

## 4. 彭德怀提起毛笔，饱蘸浓墨，在电报稿的最后又加了几个酣畅淋漓的大字："38 军万岁！"

1950 年 11 月 24 日，敌军于东西两线同时对志愿军发起了全面进攻。

志愿军以逸待劳。至 25 日，即敌人发起全面攻击的第二天，西线各路敌军已被我军诱至预定的战场，此刻敌人的兵力分散，侧翼暴露，后方空虚，志愿军发起攻击的态势形成了。

25 日，也就是大榆洞被炸的那天黄昏，志愿军 38 军、42 军在正面各军的积极配合下，乘敌立足未稳，出其不意地对德川、宁边地区之南朝鲜第 7、第 8 两师发起了反击，第二次战役正式开始。

对于联军的官兵来说，11 月最后一周内发生的种种变化太令人眼花缭乱了。11 月 23 日是感恩节，在朝鲜的"联合国军"部队享用了一顿特殊的火鸡大餐。火鸡是用飞机和卡车运到前线的。陆军第二师的士兵亚瑟·科恩在他的日记中写道："这是我们在朝鲜吃到的最好的一顿饭。"一些在前线的士兵甚至还享受了洗热水澡和换一身衣服的奢侈。第二天，即 11 月 24 日，"联合国军"的部队发起进攻，准备打赢这场战争并回家过圣诞节。正在这时灾难突然降临了。美陆军史学家罗伊·艾普尔曼在后来写道：在 1950 年感恩节之后的那个月："一连串美国历史上从未经历过的巨大灾难降临到了美国武装部队的头上。"

美国人惊恐地发现，中国军队的第二次进攻来临。志愿军缺乏坦克、空中支援和重型火炮，取而代之，他们利用突然的奇袭来战胜美国人。中国军队的指挥官显示了非凡的能力，他们能够在丝毫不被敌军察觉的情况下，让数量庞大的部队利用夜间行军穿越种种艰险的地形。中国军队是运用伪装艺术的高手，在白天他们能够躲藏得无影无踪。美国海军陆战队关于这场战争的官方史料记载，身穿打着补丁的棉制军装的中国士兵在这件事情上胜过地球上任何国家的士兵；他们能够在夜色的掩护下极其秘密地渗透到敌人的阵地中去，简直令人难以置信。

第二次战役开始，彭德怀经过考虑，仍让 38 军担任西线迂回阻击任务。这次阻击关系到整个战役的成败，洪学智与邓华也

99

同意：这是一次立功补过的机会，38军在解放战争中是很能打的部队。

这一仗，38军是鼓足了干劲的。战前，在韩先楚的参与下，38军召开了团以上干部会，鼓舞士气。梁兴初眼睛红红的，挺直身体在会上挥着大手说："上一仗，彭总批评我们了，说我们38军的动作太慢了，责任在我。38军不是胆小鬼！在第二次战役中，大家说，怎么办？"

"坚决完成任务！"炸雷一般的吼声中，如林的手臂高高举起，每一副胸膛都鼓起，每一条喉咙都喊出了最高音。

总攻开始前，按照作战部署，由第38军112师沿清川江东岸节节抗击，诱敌深入，然后予以坚决阻击，112师表现很好，仗打得漂亮。

总攻打响后，38军以3个师分3路迅猛攻击德川之伪第7师，于26日上午11时占领德川以北，并歼灭了伪第7师榴炮营，从而完成了对德川伪第7师的包围。

38军原定当晚向伪第7师发起攻击，由于发现敌人企图突围，遂提前于14时发起攻击。15时，敌人在大量飞机掩护下突围。38军顽强阻击。双方激战至19时，38军将伪第7师5000余人大部歼灭，俘虏美军顾问7人。之后，38军又冲破土耳其旅和美骑兵第1师的阻击，顽强地插到三所里、龙源里，阻止了敌人后撤部队与增援部队的会合，对战役胜利起了重要作用。

此役，第 38 军果断勇猛，特别是第 113 师率第 337、338 团大胆穿插三所里、龙源里，对保证战役的胜利起了关键性作用。第二次战役，是抗美援朝战争志愿军在运动战阶段打得最漂亮的一仗。此役，敌军一直退回三八线，我军收复了朝鲜民主主义人民共和国三八线以北的全部领土，粉碎了麦克阿瑟速占全朝鲜的"总攻势"，扭转了战局，为抗美援朝的胜利奠定了基础。

12 月 1 日，洪学智和邓华来到彭德怀办公室，一进门，有点吃惊——彭德怀总是严肃的脸上绽放着笑容，站在一边的韩先楚也神清气爽，洪学智知道他是来报告 38 军情况的。

有好消息啊！洪学智说。

果然，彭德怀把 38 军的战报递给他们二人，笑着点头附了一句说："打得好！"

看完了战报，洪学智也很高兴："上次他们没打好，受到了老总的批评，这次铆足了劲儿，要打出个样子来。这支部队是老部队，有不服输的作风。"

彭德怀点头，脸上露出一种近乎纯真的笑。这笑容令洪学智感动。

彭德怀兴奋地坐下来，亲自写电报，这封后来被史学家反复提及的著名的嘉奖令，就这样诞生了：

梁、刘并转 38 军全体同志：

此战役克服了上次战役中个别同志的某些顾虑，发挥了 38 军优良的战斗作风，尤以 113 师行动迅速，先敌占领三所里、龙源里，阻敌南逃北援。敌机、坦克百余，终日轰炸，反复突围，终未得逞，至昨（30 日）战果辉煌，计缴仅坦克、汽车即近千辆，被围之敌尚多。望克服困难，鼓起勇气，继续全歼被围之敌，并注意阻敌北援。特通令嘉奖并祝你们继续胜利！

电报后面的署名是彭邓洪韩解杜。

电令写完，电报稿交给参谋。参谋刚走，彭德怀意犹未尽，让参谋又把电报稿拿了回来。洪学智站在桌边，见彭德怀提起毛笔，饱蘸浓墨，在电报稿的最后又加了几个酣畅淋漓的大字："38 军万岁！"

称一个军为"万岁"，这在人民解放军的历史上还是第一次。邓华和洪学智看得清楚，内心激荡，但都没有说话。

后来洪学智将军在谈到这一幕时，仍然很激动：

"作为原 13 兵团的领导，38 军原来是我们指挥的，老部队打得好，我们当然高兴，但我们得谦虚点儿。这个话，彭总可以讲，我们不能这样讲。回想一、二次战役彭总对 38 军的评价，我们深感彭总赏罚十分严明。"

彭德怀当然明白他们的心思，笑着说："不表态，就是同意了。"他把电报稿递给参谋说："拿去发了，通报全军，上报军委。"

"38 军万岁！"这个口号，对当时入朝的 6 个军震动很大。当初梁兴初受到彭德怀严厉的批评，对大家震动就很大。之后"万岁军"的电报，对所有入朝部队的斗志，起了很大的鼓舞作用。

彭德怀治军，赏罚分明，洪学智深深折服。

坐下来细说的时候，韩先楚说了这样一件事：

38 军与美军在三所里、龙源里激战结束后，一队队美国俘虏被押下战场。在绵延数十里的公路上、山冈上、草地里、丛林中，到处散落着敌人仓皇溃逃时遗弃的各种物品：汽车、大炮、枪支、弹药、吃的、用的等。接到军、师首长下达"打扫战场"的命令后，战士们跑下山冈，拥上公路，不一会儿，其他战利品都运走了，唯独剩下了汽车。有 1500 多辆，全是新的，好多才跑了一二百公里。车身崭新的油漆在夜色中闪闪发光。战士们你摸摸，我看看，都非常高兴，但我们的司机很少，开不走。后来，通过翻译，在俘虏中找来一些会开车的人，但也只开走了一小部分，绝大部分车还躺在公路上。

天亮后，敌机来了，黑压压一大片。几番上下翻腾，俯冲扫射，丢下了很多汽油弹，1500 多辆汽车，除了开出的 200 多辆，剩下的全部被敌机击毁。

韩先楚说完，邓华直摇头：太可惜了。

韩先楚的话，引起了洪学智的高度重视，他越发地认识到了司机的重要性。向彭德怀报告后，洪学智一方面向国内打电报要求派大批司机来；另一方面加紧在战地培养。除了举办大量司机训练队之外，主要是采取以老带新的办法，随车训练。要求每个战役，除战斗员外，还让一定数量的司机跟进，以便战役结束去开车。这样再遇到缴获的汽车，大部分都能开下战场了。

敌人从三所里、龙源里地区突围无望，为摆脱覆灭的命运，12月1日，又迅速令其在三所里、龙源里被困的部队向安州方向突围。美军是4个轱辘跑的，比志愿军的两条腿跑得快得多。结果美军绕道安州，经肃川向平壤方向退去。志愿军各部队遂乘胜追击。

东线于27日夜发起进攻。

经过一夜激战，至28日，我军将敌人分割，包围于新兴里、柳潭里、下碣隅里等几个孤立地区，造成了各个歼敌的有利条件。但是由于敌人四周用坦克围着，我们只有步枪、手榴弹，火力弱，使不上劲，另外，也缺乏防冻经验，非战斗减员极其严重。

9兵团在极艰苦的条件下连续奋战数日，消灭了美陆战第1师1个团大部和南朝鲜师一部。

11月底，长白山下了大雪，气温降到零下30多摄氏度，敌人在东西两线遭我沉重打击后，于12月3日，向三八线实行总退却。1月9日，人民军收复元山。17日，9兵团在人民军3军团配合下，解放咸兴。24日解放兴南地区及沿海各港。至此，整个第二次战役全部结束。

关于第二次战役，美国作家小克莱·布莱尔曾有过这样描述："11月25日天黑不久，灾难降临了。约20万中国人穿插进沃克第8集团军与阿尔蒙德第10军之间的空隙……两天后，11月27日东部战场，另一支中国集团军攻击了第10军……事情很快就明显了，联合国军遭遇的是第一流的军队。令人吃惊的是，中国人纪律严明，指挥有方。沃克的第8集团军被这突然的袭击完全打晕了头，很快就全线后撤了。"

第二次战役取得了很大的胜利。仅志愿军就歼灭敌人3.6万余人，其中美军2.4万人，解放了除襄阳以外的全部三八线以北领土和三八线以南的翁津、延安半岛，使得麦克阿瑟吹嘘的所谓圣诞节"总攻势"变成了圣诞节总退却，迫使敌人由进攻转入防御。

第一次战役，稳定了朝鲜北部战局。第二次战役，扭转了朝鲜战局。

# | 第四章 |

## "保供应就是保胜利！"

**1.** 洪学智一开口就直奔主题："老总，关于部队的后勤供应和保障问题，我认为很需要好好理一理思路。"

第二次战役后，敌人败退到"三八线"以南。志愿军主力略作休整后，又急速开进到"三八线"附近。志愿军司令部也相应向北前移到距成川郡西南 5 公里的君子里，也叫君子洞。

彭德怀还想再往前挪，洪学智表示了不同意见，他说："老总，我认为君子里这地方位置比较适中，现在敌人还在运动，指挥太靠前了，情况变化，会影响指挥的稳定性。"

彭德怀同意了。

12 月 4 日中国人民志愿军和朝鲜人民军联合司令部（简称联司）成立。

12 月 13 日，毛泽东主席来电：（一）目前美英各国正要求我军停止于"三八线"以北，以利其整军再战。因此我军必须越过"三八线"。如到"三八线"以北即停止，将给政治上带来很大的不利。（二）此次南进，希望在开城南北地区，即离汉城不远的一带地区，寻歼几部敌人。然后看情况，如果敌人以很大力量固守汉城，则我军主力可以退至开城一线及其以北地区休整，准备攻击汉城的条件，而以几个师迫近汉江中游北岸活动，支援人民军越过汉江歼击南朝鲜军。如果敌人放弃汉城，则我西线 6 个军在平壤汉城间休整一时期，再继续战斗。

接电后，彭德怀和志司领导经过反复考虑，决定：部队要克服一切困难，做好作战准备。

12 月 15 日，彭德怀、朴一禹与洪学智、韩先楚、解方等研究后正式决定，放弃原定过冬休整的计划，坚决克服困难，发动第三次战役，打过"三八线"去。

彭德怀补充说：我们一定要慎重，突破就是胜利。

此时的朝鲜战场上，联军退到"三八线"就不再退了。他们在横贯朝鲜半岛约 250 公里的正面和 60 公里的纵深内组成了两道基本防线。为加大防御纵深，在第二道防线以南至 37 度线，还准备了三道机动防线。以 5 个军共 13 个师、3 个旅、1 个空降团共 20 余万兵力，形成纵深梯次配置，将部队大部集结于汉城周围以及汉江南北地区之交通要道上，在全线摆出了一个能守则

107

守、不能守则能随时撤退的态势。

12月22日，联司定下最后作战部署：进击"三八线"。

在汉城以北从西往东排列第54、39、40、38军和6个炮兵团为志愿军右翼突击集团，在朝鲜人民军第1军团协同配合下，在高浪浦里至永平的30余公里的正面上突破，向东豆川里、汉城方向实施主要突击。在春川、加平以北，从西往东排列第42、66军和1炮兵团为志愿军左翼纵队，从左面保障右面第38、39、40军3个军。东面的人民军第2、5军团视情况机动处置，吸引和调动敌人，配合志愿军主力作战。

为了加强志愿军的运输能力，军委补充了两千台汽车；命令1个工兵团入朝担负修建定州至平壤的公路、桥梁及扫雷任务；命令铁道兵桥梁团和独立团入朝执行抢修大同江桥等铁路桥梁任务。

战役发起前，志愿军在平壤以东、以南及咸兴、永兴地区就地筹措粮食3万吨，供部队急需。

彭德怀把战役发起时间选在12月31日的夜晚。

邓华在参加完38军现场会回来的路上头部受伤回国治疗，韩先楚到右翼部队去督促检查，左翼的两个军由42军军长吴瑞林指挥。留在志司的领导只有彭德怀和洪学智。

战役准备就绪后，12月28日晚，志司将计划电报毛主席。29日，毛泽东主席复电，再次强调了打过"三八线"的重要性。

12 月 31 日，也就是 1950 年的最后一天，志愿军按照预定计划，在约 200 公里的宽大正面上全线发起攻击。大约 6 个军的几十万将士在落日刚刚隐去的黄昏，突然从茫茫雪地中跃出，冲向"三八线"。第三次战役由此打响。

骄傲的美国军人被中国士兵的勇气所震慑，一批又一批中国士兵突然在大雪中出现，他们衣衫单薄，在零下 40 度的气温中依然英勇冲锋。日本出版的《朝鲜战争》一书曾对志愿军士兵的英勇作战有过这样的描述，"其不怕死的精神仿佛是殉教者，令美军官兵非常害怕。"

敌人没有想到志愿军这么快就又发起第三次进攻。由于是摆开架势、正面突破，加上几个炮兵团发挥了重要作用。第 38、39、40 军很快于上半夜完成突破。左翼的第 42、66 军也于上半夜突破敌人阵地。

美军的战史中有这样一句话："黑夜是中国人的。"

一向审慎的李奇微也没料到，他抵达朝鲜前线仅两个小时，中国军队就发动了全线突破。"联合国军"全面溃散。当天晚上，志愿军以锐不可当之势突破了美军防线。1951 年 1 月 2 日 15 时，志愿军进占春川。

1 月 2 日，志愿军已全线突破敌人防御纵深 15 至 20 公里，将敌人整个部署打乱。敌人第一道防线完全崩溃，右翼完全暴露，被迫于 2 日开始全线撤退。

109

前线的战报连续到来，洪学智向彭德怀报告：对手在加速逃跑，敌人有可能放弃汉城，退守汉江南岸，甚至有可能继续南撤。

彭德怀说："敌人要跑，洪麻子，你说，我们怎么办？"

洪学智高声爽朗地回答："乘胜追击！"

彭德怀兴奋地一拍桌子："太对了！马上电令右翼集团及人民军第1军团向仁川、汉城、水原方向追击；左翼突击集团及人民军第5、第2军团向洪川、横城方向实施追击。把这些家伙们赶过'三八线'去！"

志愿军转入追击后，右翼集团50军在高阳以北击退美第25师1个营抵抗，在高阳以南截断英第29旅退路，当晚全歼其1个步兵营和其第8骑兵（坦克）团直属中队，缴获坦克11辆。

与此同时，39军与美第24师21团遭遇，歼其一部，而后又在议政府西南歼灭英第29旅两个连。4日，38军、40军在议政府以南歼灭美第24师第17团一部。

1月3日，李承晚宣布"迁都"，汉城顿时陷入巨大的混乱之中，至少有50万市民慌忙逃亡。3日下午，新上任的美第8集团军司令李奇微灰着脸，亲临汉江大桥，指挥美第8集团军撤离汉城，退到汉江南岸。李奇微在他的《李奇微回忆录》中描述过当时，他站在汉江桥头看到的情景：

几十万的难民背着包袱、扶老携幼，争先恐后地向汉江拥去。难民们纷纷从冰上渡江。在这悲惨的逃难中，谁也没时间去帮助邻居。没有人流泪哭泣，只能听见在冰上走路的痛苦的喘息声。

不知出于什么心理，李奇微收拾起桌上的全家福照片准备撤出汉城之时，在墙上留下了一句话：

"第八集团军司令谨向中国军队总司令致意！"

志愿军夺取了汉城，举世震惊，在国际上影响很大。美军威风大减，我军士气大振。

1月5日，朝鲜人民军举行了隆重入城仪式。

是日夜，北京的天安门广场，爆竹震天，烟花绚烂，成千上万的群众涌上街头，彻夜狂欢，庆祝出国参战的志愿军取得重大胜利。

志愿军入朝后，连续三次战役都取得了胜利，在国内上下一片欢呼声中，洪学智的头脑十分清醒。因为他非常清楚，入朝的志愿军部队事实上即将面临巨大的危机——后勤保障问题。

经过几天的思考，洪学智做出决定，他要在君子里会议之前，就后勤问题专门向彭德怀作一次详细报告。

谈话是在防空洞外的山坡上进行的。这是一个晴天，太阳挂在头顶，尽管温度不高，但明亮且有些暖意，强于防空洞内的潮湿阴暗。

看着老总盘腿在山坡上坐下，洪学智一开口就直奔主题：老总，中国古时有这样一句话，兵马未动，粮草先行。关于部队的后勤供应和保障问题，我认为很需要好好理一理思路。

后勤保障对战争胜败有极其重要的作用，这一点，是任何一名指挥员都明白的道理。

彭德怀点点头，他点上烟，长长地吸了一口，眼睛看着远处，做了个"你说"的手势。

洪学智说，那我先从炒面问题说起。

由于朝鲜战场的特殊性，炒面现在已经是志愿军部队的主要作战食品。炒面的供给情况一直是洪学智十分关心的。1950 年 12 月 23 日，在第二次战役即将胜利之际，为了继续准备打第三次战役，洪学智代彭德怀起草了一份给中央军委和东北军区的报告，报告中指出："所有部队对于东北送来前方之炒面颇为感谢。请今后再送以黄豆、大米加盐制的炒面。"

洪学智对彭德怀说，从第三次战役后的情况看，这场战争不会很快结束。炒面这东西虽然有不少优点，但是长期做军队的主食是不行的。炒面的营养成分过于简单，缺乏多种维生素，含水分又太少，容易上"火"，许多战士得了口角炎，肚胀。长期食

　　1951 年 5 月 19 日，中央军委决定成立志愿军后方勤务司令部，洪学智兼任志愿军后方勤务司令部司令员。图为 1952 年洪学智在香枫山志愿军后方勤务司令部办公室的山洞前。

用严重影响战士们的体力和健康，直接影响战斗力。现在战士们中间有一句话："把炒面挂在树上，飞机都不打。"虽然是玩笑，但是很说明问题。

彭德怀一口接一口地吸着烟，沉重的呼吸声清晰可闻：这样长期下去是会有大问题的。

洪学智说，是的，老总，我们光靠炒面是不行的，要做好长期作战、应对更加困难形势的准备。

彭德怀点头：是否考虑再向朝鲜筹粮？

洪学智说，这个方法是用过，之前我们向朝方借过粮，但以现在朝鲜的情况，战争持续良久，美军轰炸厉害，许多村子被夷为平地，男人们都上了前线，向他们筹粮也有相当的困难。

洪学智又说：食品是一方面。另一方面，寒冬来临了，朝鲜的冬天漫长寒冷，冬装还差得很多，这事要抓紧。饮食清苦，环境恶劣，志愿军中因伤病非战斗减员急剧增加，相当一部分是冻伤。有些战士的手脚严重冻伤不得不截肢。另外还有弹药问题和武器问题。有些物资我们有，堆在鸭绿江边，还有一些物资也到了库站，但无法前送，或者前送后到不了战士手中。途中的损失巨大。

彭德怀说：你有什么想法？

我们还是要力主自己解决。要想办法改变我们的后勤保障。

洪学智给彭德怀讲了这样一件事：

第三次战役中,洪学智有次去前线检查后勤工作,在一条崎岖的山道中,遇到同方向前进的某军的两辆运送物资的汽车。正在这时,空中有美军飞机的声音传来,在洪学智的指挥下,大家将车迅速停在一处急拐弯的死角处,美军飞机的轰炸没有伤到他们。

轰炸过后,他们继续上路。洪学智叮嘱大家拉开距离走。已是入夜,洪学智让司机不要开灯,车子紧贴着山边一侧变速前行,离开山路后他们放弃大路尽量从路边坡地的树林中穿过。这样一路前进,总算把敌机甩掉了。

下了山后,不远处出现一条大河,河面上结了白色的冰,河上有条近百米长的长桥。洪学智让司机把车停在一片树林后,下车查看。正在这时,原来跟在他们后面的两辆车加速从他们身边开了过去。第一辆车的司机估计是想尽快冲过桥去,所以车速很快地上了桥,另一辆也距大桥不远了,洪学智刚说了声"不好——"想阻拦已经来不及了。第一辆车刚上桥,天空中传来轰隆声,那两架一直跟随他们的美机显然是阴险地潜伏在附近,这时候一个俯冲,机头几乎是擦着桥身飞过,将一排炸弹丢了下来——

一声巨响后,浓烟四起,前面的桥从半截处被炸断。汽车被阻桥上,想要掉头返回已经来不及了。返身回来的敌机几乎是得意地将一堆炸弹尽数丢向停在桥中的汽车。一片爆炸声中司机只得跳下车从高高的桥上纵身跳下。另一辆车的司机见情况危急，急忙退回，但他没有返回岸边，而是钻进了桥洞。

洪学智说，天虽然已黑，但结了冰的河面很亮，汽车过桥目标很明显。而公路和桥梁是美军飞机经常袭击的目标，桥洞下面是最不安全的。两位司机一亡一伤，战斗减员不说，还损失了两台车和两车物资。

洪学智说：我们的战士们很年轻，很可爱。但是，跟美军的飞机打交道，他们太没有经验了。他们勇敢、无私，可现在朝鲜战场与以往任何时候都不一样，我们要取得胜利，光凭战士们勇敢无私是不够的。后勤运输保障是关键性问题，保障上不去，就没有战斗力。但后勤如果没有战斗力量，就只能被动挨打。这是一个问题的两个方面，后勤运输安全没有保障，保障后勤就只能是一句空话。

彭德怀点头表示十分认可，他要洪学智谈谈具体的想法和意见。

洪学智说，从根本上说，后勤主要靠运输，要加强后勤保障，除了健全机构，还要把防空和运输结合起来。

这个意见，之前洪学智与彭德怀是讨论过的，彭德怀同意并向中央提交了报告。1950 年 11 月 11 日，中央军委从国内各高炮团抽调了 5 个 37 毫米口径高炮营开赴朝鲜，分别配属第 38、第 39、第 40、第 42、第 66 军各 1 个营，担负防空作战任务。

彭德怀问：目前高炮营的保障情况如何？

洪学智说：人员及火力装备部分虽然已经就位，但缺乏车辆装备，因此目前发挥力量很有限。

彭德怀说：要把这些力量妥善地利用好，有必要的话，再增加一些。

洪学智说：老总的意见很好，但这也需要时间，那么在目前防空装备不足的情况下，我们不能光是等靠装备，还要想一些办法。要能尽快在防空上见效。前几次我下部队去的时候，发现有些单位在运输线路上设置了信号员。听到敌机的声音立即鸣枪报警。这个现象提示了我，我认为是一个好办法。我考虑我们可以在几条主要运输干线上沿途设立专门的防空信号站，信号员配备统一的信号弹，帮助司机分段管理道路交通情况，主要是监督空中敌情。夜晚在没有情况时，汽车可以开大灯行驶，一旦发现敌情，马上利用信号弹指挥司机关灯或者隐蔽。可以比较有效地提高运输效率，减少损失。

彭德怀听到这里，拔下口中的烟点头道，嗯，这个办法好。

洪学智继续说：老总，我的意见，信号站点的设置可以前后接应，随时机动调整。除了防空，还可以提示道路方向、了解敌情，需要时也能参加抢修抢通工作。另外，各防空站点也要定期交流，大家碰碰头，交流情况，找出规律，互相学习借鉴各自的方法。

彭德怀站起来向指挥所里走,边走边说:老洪,你通知下去,这个办法可以在全军推广,各部队都可以参考。

洪学智说:还有一个问题要跟老总报告。前一段时间后勤部门反映工作量太大,压力大,事情老也做不完。我去部队看了看,这个问题是普遍存在的,并且还比较严重。问题出在哪里呢?从第一次战役开始,因为白天敌人飞机轰炸威胁大,晚上出动较少,后勤各部门的主要工作都转入夜间进行。夜间作业效率比起白天差多了,所以问题出来了。做事情要动脑子,有问题得想办法。上次我在抢修清川铁路的现场,看到有一个班的路基抢修就比别人快很多。我问他们班长,同样的情况作业,你们怎么就快呢?班长说,想办法啊!天黑,砸道钉看不见,以前战士们为了抢时间,经常砸到手,一个班十双手,受伤的超过五十只——为什么?每个人都伤好几回。后来,大家想办法,把钉帽涂成白色,问题就解决了。安枕木也是,两个人专门负责做标记,其他人只要按照标记装配就不会错。再比如仓库装运物资,夜间搬运不宜多人合作,把包装单位减少,原来250斤的,改成小包装;各种规格不同的物资,分开分类摆放,做好标记,可以有效避免差错。还有一点,目前运输极其困难的情况下,供求矛盾突出,我考虑实行重点保障,分批次、分区域保障。先运送弹药粮草,后运送其他物资;先保障主要方向,后保证次要方向;先前方,后后方;先部队,后机关。保证让有限的物资用在最需要、最重要的地方，解决最关键的问题。要改变思路，不能仅仅只把后勤当作是后勤部门的事，要在全军动员，在加强后勤组织、业务和思想建设的同时，各部门从上到下都要重视后勤工作，多想办法解决后勤存在的问题。

彭德怀注视着侃侃而谈的洪学智：你的思路很对。目前我们远离祖国，面临的困难很多，我们就是要多想想办法。

彭德怀停住，认真地说，老洪，跟你说实话，我彭德怀打了一辈子仗，从来没有害怕过，可当志愿军打过"三八线"，一直打到"三七线"时，我环顾左右，确实非常害怕。美军几乎是不战而退，志愿军官兵都知道，"三八线"并不是他们打过去的，几乎可以说是走过去的。凡战场上出现这种大规模的撤退，精明的军事家必然会十分警惕。眼看着几十万中朝军队处于敌人攻势的情况下，我几天几夜睡不好，总在想要摆脱这个困境。敌人又派飞机对我军运输线猛烈轰炸，我们后方的物资供应很难维持，战士们吃不饱穿不暖，头上顶着飞机炸，地上面对着美军的坦克大炮，左右沿海是美军的舰队，不用下船就可以把炮弹打过来。志愿军随时有遭厄运的可能，我们不能把几十万军队的生命当儿戏，所以必须坚决地停下来！

彭德怀最后点头：你这个洪大个子，也是敢提意见，不怕负责。

洪学智说：老总，这是我的工作，我是一个共产党员，当然

119

要对自己的工作负责。

彭德怀说：老洪，邓华不在，司令部的工作很重，不过后勤也是我们要抓的重中之重。我考虑你洪麻子除了司令部的工作，还是要帮我把后勤管起来。

彭德怀这样说，是因为关于让洪学智分管后勤，之前有过一段小插曲。

第二次战役期间，韩先楚在一次开会时说，前线的部队对后勤供应很有意见。当时的情况是，志愿军部队开赴朝鲜以后，志司并未成立后勤部，负责志愿军后勤工作的东北军区后勤部远在沈阳，司令部只设有一个后勤科，十几个人，下属的几个后勤分部都系仓促组建，普遍存在着组织不健全、力量不足等现实问题。再加上敌机严重破坏，适应不了战区的情况。洪学智是分管司令部的副司令，兼管后勤。在第一、第二次战役中后勤供应出现的问题，洪学智及时向彭德怀报告了，也共同协调东北军区想了很多办法，包括请朝鲜政府就地借粮等。但是由于客观困难太多太大，都没能从根本上解决问题。

这些情况，彭德怀都十分清楚。

洪学智说，在目前的情况下，后勤让谁来管，都有较大困难。他建议自己和韩先楚调换，由韩先楚管一段，自己到前边去。

彭德怀当时同意了，说："可以，韩先楚和洪学智换一下，洪到前面去督促检查，韩在志司兼管后勤。这事要是都没意见，就算党委通过了，定下来了。"

当天吃完晚饭，洪学智收拾好行李，警卫员把行李拿到车上，车也发动了，洪学智到彭德怀办公室，向他告别。

洪学智说："老总，我马上出发了，你还有什么指示？"

彭德怀抱着他那个大个茶杯，脸靠在白汽缭绕的茶杯口，正专注地盯着地图看，听见洪学智这样说，又抬头看见他穿得整整齐齐，连腰带都扎得紧紧的，彭德怀的脸上一副十分吃惊的表情："你出发？出发到哪儿去呀？"

洪学智说："不是党委定了，我和韩先楚对调，我到前面去？"

彭德怀把脸绷起来了，说："说是这么说的，做不能这样做。韩先楚说的困难我们都知道嘛。后勤还是你兼管，还是韩先楚到前面去。"

见洪学智没动，彭德怀又说了句："把你的车熄了火，我这里还有事和你讨论。"

这样，洪学智继续留在志司，留在彭德怀身边。

后来他才知道，当天的会后，彭德怀左思右想，又找来邓华交换意见。邓华经过认真的考虑，认为洪学智和韩先楚还是不要对换的好，还是应该让洪学智负责后勤。

彭德怀说，他也不同意换。

## 2."保供应就是保胜利。"

隆冬的北朝鲜，炮火暂时消逝后的大地，季节从容地展示它的美丽。天空明净如洗，群山银装素裹。

1951 年 1 月 25 日，中朝联合司令部高干会议在志司驻地君子里召开。会议在一个大矿洞里进行，矿洞有好几层，最下面的

洪学智在志愿军后方勤务司令部会议上讲话。

是个较大的广场。参加会议的有金日成首相和朝鲜劳动党中央政治局主要负责人；有志愿军司令员彭德怀和志愿军的其他领导人；有东北人民政府主席高岗；有志愿军直属各部、各军的主要负责人；有朝鲜人民军总部和各军团的主要负责人，共122人。

25日下午至26日，朴宪永、邓华、杜平、解方、韩先楚和洪学智先后作了专项发言。27日分组讨论。28日至29日下午，金日成、高岗讲了话；宋时轮、方虎山（人民军第5军团长）、刘海清（38军113师副师长）、张峰（39军116师副师长）介绍了作战经验。29日上午，彭德怀作了大会总结。

这是中朝两国第一次也是唯一的一次两军高级干部会。

25日上午，彭德怀作《三个战役的总结与今后任务》的报告。彭德怀在发言中特别强调：各部队要做好下一次战役的思想准备和物资准备，特别要搞好后勤保障。在朝鲜的作战中，后勤工作特别繁重、复杂而艰巨，必须加强后勤工作的机构和干部，进一步克服困难，提高工作效率，保证战争胜利。

洪学智做了长篇发言，中心是后勤问题。

在回顾了3个月来的后勤工作情况后，话锋一转，洪学智说：现在部队普遍反映有"三怕"，哪"三怕"呢？一怕没饭吃；二怕没有子弹打；三怕负伤后抬不下来。这说明什么？说明现在志愿军的后勤工作存在问题。物资供应不上，伤员抢救不及时，前三次战役虽然取得了胜利，但是我们的部队是在挨饿受冻的情

123

况下打败敌人的。

洪学智的发言刚开了头，立即引起了与会者的共鸣。

洪学智在会上的发言，不仅引起了阵阵热烈掌声，更是引起了人们心中的阵阵震荡，他的话尖锐、直率，更准确、深刻，这个敢于讲真话，提意见，不怕负责任的志愿军副司令员给在座的所有中朝指战员留下了深刻的印象。

124

有必要回顾一下志愿军初入朝时的情况。

对于新中国成立仅一年的中国人民来说，毛主席和中国政府作出抗美援朝的战略抉择是非常艰难的。这一英明的战略抉择的实施和取得抗美援朝战争的胜利，彻底打败了美国侵略者，至此也改变了亚洲乃至整个世界的战略平衡，使中国有了一个除局部边界战争以外相对和平的周边环境达半个多世纪，形成了发展社会主义经济建设的和平机遇期，才有了今天中国的繁荣和富强。今天的史学家和后勤学专家们，也无一例外地承认：抗美援朝战争，是人民军队由传统后勤向现代后勤发展的伟大转折点。

总体来看，志愿军出国前的后勤准备，在中共中央、政务院、中央军委的领导下，在全国人民的支援下，东北军区后勤部承担了大量工作，保证了部队及时出国作战，为初战的胜利打下了基础。但是，在入朝初期，特别是第三次战役之前，对入朝后战场后勤保障可能遇到的问题严重估计不足，战前后勤准备并不充分，主要表现在：

首先是组织机构不健全，力量不足，没有按预定要求完成物资储备任务。

很显然，这场跨出国门的战争，与之前在国内时所经历的所有战争都不相同。

国内战争时期的后勤补给，主要是就地取材，但眼下他们的战场远在国外，所有粮食物资的供给，全部都要由国内运输过来。

1950年8月，为保证东北边防军的后勤供应，东北军区成立了后勤部，但是，其机构并不健全，人员也严重不足，到中国人民志愿军正式成立时，东北军区后勤部各分部和兵站，还缺干部1500多人。不仅后勤岗位的人员缺乏，后勤物资也是严重不足，刚刚解放的中国，特别是经历了漫长战争时期的东北，战备物资几乎没有储备。

东北边防军成立后，立即着手进行建立后方基地和准备作战物资等工作。首先恢复和建立各级后勤机构，中央军委和东北军区先后召开边防军后勤会议，部署和检查边防军的各项准备工作，赶制衣物被装，准备粮秣、副食、油料等，储备作战物资，补充、修理技术装备，组建出国后勤分部。但由于时间紧迫，人员力量单薄，在边防军改为志愿军以前，实际只组建了1个分部，即由东北军区组建的第1分部。其他两个分部都是在志愿军

125

成立后才组建的。

由于入朝时情况紧急，紧急成立的志愿军司令部中，并没有成立专门的后勤部，只在司令部里，设立了一个后勤科。所以，这时期志愿军主要的后勤保障，还是由东北军区负责。物资的主要运输方式是汽车，但此时的"联合国军"，已经拥有完全的空中优势。

因此，志愿军的后勤保障，从战争一开始就面临着巨大的困难和挑战。

其次是思想准备不足。

我军经过长期国内革命战争，后勤工作积累了丰富的经验，然而对现代战争中的后勤组织与工作缺乏经验，跟当时世界上现代化程度最高的军队直接打仗更是第一次，对其技术装备和作战特点、对后勤工作将会遇到的困难估计不够，认识不足。

最后是国家经济力量有限。

新中国成立以后，尽管党、政府和人民想尽一切办法加速恢复国民经济，钢产量由1949年的15.8万吨，增加到抗美援朝战争爆发时的60万吨；粮食产量由1949年的2160亿斤增加到2494亿斤；其他生产部门也有比较大的恢复，取得了很好的成绩，这些对进行抗美援朝是有利的。但是，中国毕竟刚刚经历半个多世纪的战乱，连年战争，经济凋敝，军队建设和国防建设还尚未开始，人民解放军的武器装备主要还是取之于敌，出国作战的志愿军部队的装备,既有苏式武器,也有过去缴获日本的,还有相当一部分是从蒋介石那里缴获来的美国货,型号杂乱,规格多样,客观上也带来弹药补充难的问题。这个历史遗留问题,在朝鲜战场上尖锐地反映出来。而志愿军要面对的,是以美国军队为首的、有着现代化装备的、强大的"联合国军",困难更是显而易见的。

志愿军成立后,虽然根据部队出国作战的要求,调整了后勤编制。但由于后勤干部和技术力量缺额很大,特别是兵站工作人员和卫生、运输力量严重不足,给战争初期的后勤工作带来了许多困难。

10月19日,志愿军跨过鸭绿江后,在76天内连续进行了三次战役,连续作战沉重地打击了敌人。这一阶段的后勤工作虽然取得了很大的成绩,但由于战场出现的各种新情况,特别是敌机的严重破坏,给后勤带来许多新问题。

三次战役的胜利,让一些人兴奋,更有一部分人头脑发热,觉得所谓的"强大的美国人"不过如此,还是被我们迅速地打败了,于是有一些声音要求"一鼓作气,乘胜追击"接着打下去。志司决定停下来休整,彭德怀态度坚定,对各种质疑不做理论,甚至对斯大林派来的军事顾问说出"我对党和人民负责"的话,洪学智是非常赞同的。

洪学智对部队的情况非常清楚,他既为取得的战绩高兴,又为现状及可能出现的危机而忧虑，他比谁都清楚，当前志愿军的后勤的确面临着巨大的困难。入朝后不久，他就十分敏锐地意识到了这一点。从第一次战役前的准备开始，他对后勤工作就格外关注，倾注了大量精力，事无巨细，亲自过问安排。他十分清楚，尽管做了竭尽全力的努力，但前三次战役中的后勤保障工作是不尽如人意的，后勤的被动困难状况，已经成为影响作战的一个重要瓶颈。

从第三次战役开始，洪学智在繁忙的司令部工作之余，主要精力都放在后勤保障上。一段时间里，他冒着美机的炮火，亲自去往各个军所在的前线，从驻地、库站到战场一线做实地的深入考察，观察地形，丈量距离，仔细分析路况，对沿途要经过的火车道、公路线、桥梁的具体情况做到心中有数。他发现，朝鲜山多河多，因而桥梁多且纵跨长，公路与铁路又呈纵线分布，且交叉颇多。山道结冰后更加崎岖难行。

洪学智的发言是以大量的调查研究为根据的，他对志愿军面临的后勤问题以及当前部队面临的新情况、新问题作了相当全面和准确的分析，归纳起来，有三个方面：

第一个新情况是：敌机破坏严重，使后勤遭到严重损失。

洪学智说，由于我们没有制空权，敌机轰炸破坏损失严重。美军依仗其空海军的优势，把轰炸破坏朝鲜北部当作其重要的战略手段。敌人投入朝鲜战场的各型飞机共约1100架。其中除一小部分直接支援其地面部队作战外，大部分用于破坏我军后方的运输补给线。敌机用"全面控制"的方式方法，对重要目标城镇、工厂、车站、桥梁等交通线进行毁灭性轰炸。并以少量多批次的战斗机，依山傍道，昼夜不停地超低空搜索扫射。不放过一人一车，甚至一缕炊烟。志愿军入朝时有运输汽车 1300 多辆，在不到一个星期的时间里就损失 217 台。其中 82.5% 是被敌机打毁的。也就是说，平均每天我们要损失 30 辆车。

洪学智沉重地说：由于敌机轰炸，大批物资积压在鸭绿江边和铁路沿线，不能及时送到部队。前线很多伤员也无法及时运回后方。所以就出现我前面说的战士们有"三怕"。

第二个新情况是：战况复杂多变。

关于战况复杂多变，洪学智从以下几个方面作了分析：

其一，志愿军战前的后勤准备工作，是按照组织阵地防御作战的战略意图进行的。部队出国后，由于战局急剧变化，即改为运动作战。第一次战役打到清川江，第二次战役延伸到"三八线"，而第三次战役则一直插到"三七线"附近。短短的 76 天，运输线由 50 多公里一下延伸到 500 公里以上。运输线迅速延长，后勤跟进困难。

其二，三次战役几乎是连续进行的，战役之间间隔时间短，后勤准备紧张，无论是整顿组织还是充实力量、补充物资都十分困难。

其三，部队机动频繁，又多系夜间行动，在实施穿插分割迂回包围时，后勤运输难以适应作战要求。战术手段多变，战场中补给难度高。

其四，后勤通信不畅。由于战线长，部队机动既多又快，后勤没有独立的通信网络，各部门上下级之间、后勤与部队之间经常失去联系。比如，有时后勤按照指定地点前运物资，到达后部队已机动离开，或者物资刚刚运到，部队已开始行动，既来不及分发，又无力携带，只好原车跟随部队行动。

其五，参战兵力迅速增加，后勤任务急剧加重。10月19日首批入朝4个军，到了10月底就达到6个军，到11月中旬时志愿军的兵力已增至9个军。1个月的时间，参战兵力多1倍，而后勤力量的加强，远赶不上供应任务的增加。迅速增加的兵力仅从武器装备的保障来说，就十分复杂。据不完全统计，部队武器有美式的、苏式的、日式的等分别产自十几个国家的近百种型号，各类不同口径的武器有超过80种，所需弹药多达200余种，筹措十分复杂，后勤供应、管理以及修理都十分困难。

洪学智讲的第三个新情况是环境。

朝鲜是一个三面临海的狭长半岛，山多河多，气候变化大。三次战役都正值隆冬，东线山区气温低达零下40摄氏度，给后勤工作带来了严重的困难。山道结冰，汽车没有防滑链条不能行驶，骡马没有冰掌不能驮载。武器冻结，没有冬季润滑油就打不响。由于积雪路滑，汽车行驶十分困难，经常出现翻车、堵车、撞车事故。东线马息岭的一次堵车时间长达数小时，被敌机发现遭致轰炸，一次就损失了汽车34辆和大批物资。由于风雪弥漫，本来就不熟悉的道路更难辨认，致使司机迷路甚至跑错方向的事时有发生。更加严重的是，因为气候奇寒，部队缺乏防寒知识和经验，又缺少防寒物资，部队发生大批冻伤减员，直接影响了部队的战斗力，这是一个深刻的教训。

另外，朝鲜北部原有道路的布局也不适应战时运输的要求。铁路多在沿海，腹部地区少，西部地区的几条线路又在新安州、西浦、价川形成交叉，缺乏必要的迂回线，一处被炸，各线受阻。公路纵线多，横线少，且多盘山跨水，弯急坡陡，又多与铁路并行，铁路被炸，公路运输亦受影响。加之横向河川多，桥梁密度大，且多是高桥、长桥、宽桥，被炸后，抢修难度大。这种道路状况，既不利于由北向南的供应运输，更不便于东西两线的相互支援。

除了上述重重困难外，志愿军现有的后勤力量不足，机构不健全，缺乏现代后勤工作经验也是一个重要因素。

洪学智扳着手指说：据我们调查，我们的对手美军是13个后勤人员供应1个士兵。而我们志愿军是个什么情况呢？我们是1个后勤人员大体要供应6至10个士兵。

在发言的最后，洪学智语气更加凝重地说："在后面的战斗

131

中，如果我们没有充分的物资，没有足够的道路和交通工具，没有健全的组织机构，就谈不上后勤保障。因此，我强调要搞好后勤工作，必须有强有力的后勤机构，必须组织多线运输，必须事先准备物资，加强对敌机的斗争，对敌斗争必须多样化。另外，不能光靠后勤供应，还要依靠就地筹粮，取之于敌。下次战役需要3400辆车搞运输，现在仅有1000多辆，怎么办？一是抢修铁路，加速火车运输；二是优先运输主要物资、必不可少的物资；三是除增加几个汽车团加强汽车运输外，还要组织人力、畜力、大车参加运输。"

洪学智讲了很长时间。他面前的桌子上有一叠纸，但在整个讲话过程中，他没有低头去看一眼。就那么一直站着，目光如炬，声音洪亮，语气流畅。先分析说明，再论证结论，不看稿子，也不打顿，有条有理，所有的数据观点，人名地名，早已烂熟于心。

洪学智的发言引起了长时间热烈的掌声。坐在小板凳上的彭德怀也一起鼓掌。

志愿军的干部们频频点头。来自朝鲜的同志虽然不能字字完全明白他的意思，但通过身边翻译的讲解，也基本大致搞清了他讲话的内容。在所有与会的中朝两国军官们眼中，结实魁梧的彭德怀总司令威武豪爽，而这位修长俊朗的洪学智副司令员则干练机警，在细致之外更多了儒雅。二人仿佛是一对天然的搭档。

会一散，彭德怀就找来洪学智，见面就兴冲冲地说：洪大个你讲得好。问题分析得透。

正是因为洪学智亲身经历亲眼目睹，洪学智对彭德怀有非常深刻的认识，从内心里，无论是思想品德还是军事才能他都敬佩敬仰并且折服这位同是农民出身的优秀统帅。由此我们可以理解后来洪学智在庐山会议中的态度——不管大会小会如何批判彭德怀，他从头到尾一言不发。

133

抗美援朝彭德怀率部出征，为了国家和人民他奉献了全部。洪学智不相信有这样无私胸怀和气魄的彭德怀会是反党反社会主义的人。

君子里会议上洪学智关于后勤问题的发言，具有里程碑式的意义。虽然在前两次战役中，也提出过后勤问题，志司在洪学智的带领下为解决后勤保障问题想了很多办法做了很多努力，但是，对我军后勤从体制到程序到工作方式作较为全面集中的分析讨论，是从这次会议开始的。

抗美援朝战争结束后，在总结抗美援朝经验时，聂荣臻元帅曾经意味深长地说：严格地说，我们是从抗美援朝战争中，才充分认识到后勤工作在现代战争中的重要性。打一场现代战争，在很大程度上是人力物力的竞赛。尤其是与具有高度技术装备的美军作战，如果没有最低限度的物资保障，要战胜敌人是不可能的。

史学家认为，抗美援朝战争的胜利，从某种意义上说，是志愿军后勤保障的胜利，标志着中国人民解放军的后勤工作，飞跃上了一个新的台阶。

从现存的史料看，在抗美援朝战争中认识到后勤保障的重要性，第一次系统地、深刻地提出需要重新考虑抗美援朝战场上的后勤保障这个问题的，是洪学智。他强调了后勤工作在现代战争中的地位和作用，指明了改进后勤工作的途径，对下一步加强后勤建设产生了重大影响。

抗美援朝战争的历史注定会记得这次君子里会议。中国人民解放军建军史及后勤史也注定要记住这个在寒冷简陋的矿洞里举行的会议。这次会议上，在指出了志愿军后勤工作所面临的困难之后，洪学智向所有与会人员提出了有关军队后勤的一个伟大且深刻的问题：

战场变了，环境变了，作战对象变了，面对新的问题和困难，我们传统的后勤供给方式也要随之改变。

"保供应就是保胜利。"

在前方召开中朝两军高干会议的同时，东北军区在沈阳召开志愿军第一届后勤会议。中央军委副主席周恩来亲率代总参谋长聂荣臻、总后勤部部长杨立三、空军司令员刘亚楼、炮兵司令员陈锡联、军委运输司令部司令员吕正操等同志，专程到沈阳参加会议。头上还缠着绷带的邓华是从医院来到会场的。他也做了较为详细的发言。

这次会议在总结前三次战役后勤工作经验教训的基础上，着重指明，抗美援朝战争把我军后勤工作推上新的阶段，后勤工作发生了深刻的变化。后勤必须以新的指导思想，新的供应方法，新的工作制度和工作作风，适应这一新的重大变化和现代化战争的要求。

一个月后，1951 年 2 月 24 日，中央军委扩大会议在中南海居仁堂总参谋部会议厅召开。彭德怀应召回国参会。彭德怀在第四次战役进行到最紧张的时候离开前线回国，他是认为需要当面向党中央毛主席说明一些情况，并且力促有关事宜的推进。

彭德怀首先介绍了志愿军在朝鲜前线作战中物资、生活、兵员等各方面存在的严重困难，他希望国内军队和地方都要全力支援，特别是空军和高射炮武器应尽快入朝参战。

彭德怀的话在会上引起一些反应，一些人强调国内困难，许多问题一时还难以解决。彭德怀十分恼怒，猛地站起，把桌子一拍，怒气冲冲地说："这也困难，那也困难，你们去前线看看，战士们吃的什么，穿的什么！现在第一线部队的艰苦程度甚至超过长征时候，伤亡了那么多战士，他们为谁牺牲？为谁流血？

现在既没有飞机，高射火炮又很少，后方供应运输条件根本没保障，武器、弹药、吃的、穿的，经常在途中被敌机炸毁，战士们死的、伤的、饿死的、冻死的，这些都是年轻可爱的娃娃呀，难道国内就不能克服困难吗？"

会场鸦雀无声。

26日，彭德怀再见毛泽东。经过商讨，毛泽东决定给斯大林去电，要求苏联派出两个空军师参战，同时要求高射武器和车辆参战，还决定动员国内青年参军，增加前线兵力。再购买可以装备60个师的苏联武器。

事后周恩来主持召开一系列会议，一些问题得到部分解决。

3月3日，斯大林复电毛泽东，同意派遣两个驱逐机师并调5个高炮师入朝作战。答应中国增订的6000辆汽车，当年下半年交货。此后，在朝鲜战场的志愿军基本上逐步都换成了苏式装备，改变了新旧武器混用的状况。

由于志愿军改善了装备，加强了火力，后勤运输及山地作战能力显著提高，对之后进行的上甘岭坚守防御战役，以及金城战役阵地攻坚战的进行，起到了决定性作用。这一切，与彭德怀、洪学智的挺身而出，仗义执言，认真负责，狠抓落实的工作作风是分不开的。

君子里会议后，彭德怀指示洪学智抓紧准备，预计在2月发动春季攻势。

但是，局势的迅速变化，没有给洪学智太多的时间，春季攻势提前进行了。

## 3. 彭德怀说："洪学智这个人，说话还是有点准头儿，还是信得着的。"

汉城撤退后，新任美国第8集团军司令兼"联合国军"地面部队司令李奇微的到来，开始扭转美军的劣势。李奇微在骊州闭门三天，仔细研究了中国军队入朝后的所有战斗记录。三天后他果真发现了中国军队的"命门"——李奇微称之为"礼拜攻势"，因为运输线过长，中国军队的后勤保障出现严重的困难，士兵们的粮食武器弹药携行量为一周，到第七八天时，就弹尽粮绝不撤也得撤了。

"礼拜攻势"这个发现令李奇微十分振奋。他因而总结出对付的办法：当凶猛的"礼拜攻势"接近尾声时，以强大的反击力量立即投入前沿，向弹尽粮绝的中国军队毫不迟疑地扑上去，用火海方式实施火力摧毁，以杀伤中国军队的有生力量……

1951年1月15日，"联合国军"在水原至利川间采用"磁性战术"，以1个加强团的兵力在水原至利川之间实施试探性进攻，每日采取多路小股的方式，在宽大正面进行威力搜索，不断地对志愿军进行小的进攻。自18日起，又以小股兵力向原州、宁越一带作试探性进攻。李奇微还乘飞机到志愿军阵地上空进行侦察活动。当察觉中朝人民军队第一线兵力不足、物资供应困难时，决定乘志愿军疲劳和补充困难之机，发起大规模进攻，企图夺回汉城，将中朝军队压回到"三八线"以北。

25日，敌人集中了5个军共16个师、3个旅，1个团共23万兵力陆续向志愿军全线200公里的防御正面发起了进攻。这次进攻改变过去分兵冒进的做法，采取互相靠拢、齐头并进、稳扎稳打战法，将主力置于西线（南汉江以西），向汉城方向实施主要突击，以一部兵力在东线（南汉江以东）实施辅助突击。

"联合国军"发起大规模攻势后，中朝军队于1951年1月27日停止休整，转入防御作战。

第四次战役，志愿军是被迫打的。

所有的战斗都异常残酷，在修理山、在泰华山、在汉江南岸，中国士兵用血肉之躯，阻挡李奇微的火海战术。志愿军阵地的失守，几乎都是在最后一个肢体不全的战士抱着成捆的手榴弹或是爆破筒滚向敌人后发生的。《朝鲜战争》一书的作者王树增说：

　　你能想象数十门火炮加上30多辆坦克一起向一个小山包轰击1个小时、8架飞机又轮番扔下大量凝固汽油弹后是什么情形吗？山头被削去1米，连土都在燃烧。中国士兵竟然还活着，还站起来射击。这给美国兵的心理震撼是极为强烈的，他们甚至怀疑自己手中卡宾枪射出的子弹是否有意义，中国人是杀不死的。

由于李奇微"礼拜攻势"的发现，敌机的封锁更加残酷，轰炸变得更加凶狠严密。轰炸目标转移到重点破坏运输线，大批投入重型炸弹、凝固汽油弹、定时炸弹、蝴蝶弹、照明弹，同时向道路上投掷四角钉。

这种情况，当时被称为"天上挂灯、地上炸坑、路上撒钉"。志愿军的后勤运输保障更加困难。

2月中旬的一天下午，洪学智正在自己的矿洞里看前方和军委来的电报，秘书忽然气喘吁吁地跑进来："洪副司令，你快去看看吧，彭总在大发雷霆。"

洪学智站起来，边向外走边问："怎么回事？"

秘书说："说是钟羽一（后勤第4分部部长），没有把给九兵团的粮食送到。"

洪学智进到彭德怀办公室，怒气冲冲的彭德怀一见他就说："第九兵团（26军）急着要出发，让钟羽一给送粮食物资，他没有送！误了军机，我要严肃处理他。"

洪学智赶紧说："老总，你常说'军无辎重则亡'，'兵马未

139

动，粮草先行'这么大的事，怎么能出问题？老总先不要急，我马上去查，查清问题后再处理也不迟。"

彭德怀性情耿直，平素不苟言笑，在志愿军司令部，大家对他总是心怀敬畏，一旦发起火来，只有洪学智能劝解得了他。果然，洪学智这样一说，彭德怀不吭气了。

洪学智又说："这件事肯定是出了什么岔子，老总先别急，让我处理吧，我处理清楚了再向你报告。"

洪学智一回到司令部，马上找来东北军区后勤部在前指挥的负责人杜者蘅，命令他迅速去4分部了解清楚。

杜者蘅很快回了话：

九兵团要出动，钟羽一受命从阳德往元山送粮食，他交代送40汽车。昨晚19点，粮食按时送到了指定地点，可是却没有见到部队的人。司机们等到21点，仍然没有见到部队。原来是部队尚未到达指定地点。钟羽一并没有交代找不到人怎么办，司机们没了办法，又怕粮食放下后丢失，就又拉了回来。第二天早上，九兵团到达了指定地点，当然没找到粮食，部队给养补充不了，无法出发，便打电话质问志司。

听洪学智报告了原委，彭德怀显然消了些气，但还是瞪着眼问："问题怎么解决？"

洪学智已经有了主意："老总别急，作战计划不能改变，九兵团照常前进，我保证明天晚上在下一个指定地点给他们补充上，补充不上，你拿我是问。"

彭德怀高声说："军中无戏言。"

洪学智点头："当然。"

洪学智马上给 2 分部部长王希克、政委李钢打电话，给他们下了死命令："命令你部立刻组织 60 至 70 辆汽车，今天出发，给九兵团运送粮食和物资，一定要在明天晚上 21 点以前送到指定的地点。"

接着他又给钟羽一下了命令："昨天要你送的东西，明天一定得给我送到，你亲自带着车去。看样子这天要下雪，部队的行动可能会有变化。记住，不见到部队别回来。这次再送不到，可就真要拿你是问了。"

王希克和李钢用了很大的力量，组织了 70 多辆车连夜出发。半夜后，果然下起了大雪，路上积雪深达半米。雪地白茫茫不易隐蔽，美军的飞机追着车队打，司机们想出了在车上盖白布的办法，有效地隐藏了行踪。除了被敌机打掉的 6 辆车，其余的在第二天晚上按规定的时间内全部送到。

钟羽一带着的车队也在规定时间到达指定的部队集结地点，可是部队又转移了。这次他们没敢回来，在雪地里等了一夜，第三天上午总算见到了队伍。

宋时轮给志司发来了电报说："所有我们需要的东西，全部补充。"

141

接到电报，彭德怀露出了微笑。

难得微笑的老总的笑容和他说的这句话从此进入了抗美援朝的历史。彭德怀说："洪学智这个人，说话还是有点准头儿，还是信得着的。"

在后勤顽强的支持下，第四次战役结束。此役，中朝军队在艰难困苦的条件下进行坚守防御、战役反击和运动防御作战，历时 87 天，毙伤俘敌 7.8 万余人（其中志愿军歼敌 5.3 万余人），使"联合国军"平均每天付出近千人伤亡的代价才前进 1.3 公里。志愿军伤亡 4.2 万余人。中朝人民军队完成防御任务，掩护了中国新入朝部队的开进、集结和展开，为下一次战役的准备赢得了时间，并初步取得了在优势装备之敌进攻面前实施防御作战的经验。

## 4. "当参谋的有三次建议权，我已经提了两次建议，再向你提最后一次建议。"

1951 年 4 月 6 日，中国人民志愿军党委第五次扩大会议在朝鲜金化东北几公里处的一个叫金矿洞的地方召开。

经过漫长且寒冷的冬天，朝鲜的春天来了。尽管战场上的春天还有未化尽的冰雪，但朝阳的山坡上，零星的斑驳的野花和细嫩的野草已冒出头角，山谷中吹来的风也不再那么冷硬，而温和了起来。

金矿洞是一个位于朝鲜半岛中部江原道金化郡五圣山南麓的小村庄，那附近有一个巨大的废弃矿洞。数十个炮弹箱垒成的会议桌摆在矿洞的中央。参加会议的除了志愿军指挥机关的领导之外，还有先期入朝的中国9个军的军政主官，以及刚刚入朝的第三兵团副司令员王近山、副政委杜义德，第十九兵团司令员杨得志、政委李志民等领导。朝鲜人民军领导列席会议。中国人民志愿军所有的高级指挥员都集中在这个矿洞里了。

彭德怀进来时脸上是带着些许笑意的，他的心情随着国内补充部队的到来而有了好转。在两个月以来的艰苦阻击和焦急的盼望中，第三兵团和第十九兵团的6个军终于到达前线了，加上原来参战的部队，中国人民志愿军军队在朝鲜的总兵力已经达到了70多万人。

只要有了人，什么都好办了。

彭德怀的内心正在激荡着，打一个更大规模的战役，消灭更多敌人的想法已经萦绕在他的脑中了。在此之前，关于第五次战役何时进行如何进行的问题，彭德怀在志愿军司令部组织了几次讨论。这时，"联合国军"的前线兵力为14个师、3个旅，再加上3个南朝鲜师，共近30万人。

战役讨论会进行得激烈，因为洪学智坚决不同意立即进行大的战役，他主张把"联合国军"再往北放，一直放到战机形成时，也就是中国方面完全准备好了以后再打。他的理由是：如果现在就打，敌人一缩，不容易达到毛主席所要求的"成建制地消灭敌人"的目的。而把"联合国军"放进来，中国军队可以采取拦腰截断的战术，解决问题会顺利一些。另外，新部队刚入朝，尚无立即投入大战役的思想准备。

彭德怀打断了洪学智的话："我们不能再退了，把敌人放进铁原、金化以北坏处很多。铁原是平原，是很大的开阔地，敌人坦克冲进来，对付起来很困难。"

邓华也同意洪学智的意见："洪副司令的意见有道理，应该把敌人放进来打。目前，第三兵团和第十九兵团刚入朝，第九兵团也刚刚往前开进，地形都不熟悉，行动十分仓促。把敌人放进来，一是我们准备得充分一些，可以以逸待劳，二是可以把地形摸清楚。"

彭德怀说："敌人进来，我们在物开里附近储藏的很多物资和粮食怎么办？"

洪学智表示："物开里的物资和粮食，我保证两天之内把它们向北搬完！"

解方和杜平也都同意洪学智放进来打的意见。

彭德怀有些不高兴了，问："这个仗你们到底想不想打了？"

洪学智说："老总，打还是要打的，我们是做你的参谋的。参谋的责任是提建议，意见是供你下决定参考的。老总是战场统帅，最后的决定还是老总下。"

午饭后，邓华先走了，只剩下洪学智陪着彭德怀。

洪学智利用这个机会又说道："老总啊，当参谋的有三次建议权，我已经向你提了两次建议，现在他们都走了，我再向你提最后一次建议，最后由你决定。"

他把自己的想法又详细地讲了一遍。洪学智最大的担心是：如果不能在战役一开始就分割包围住敌人，中国军队向前打，美军就向后退，中国士兵的两条腿是追不上美军的汽车轮子的。追远了，部队供应不上，可能还会出现第四次战役后期的状况。

彭德怀没有作声。

彭德怀主张立即作战的重要原因，当时没有明确地说出来，他担心美军的登陆作战。参谋长解方提供的情报引起彭德怀深深的忧虑。一是李奇微在东线的视察，美海军加强了对元山、新浦、清津诸港口的炮击和封锁，并且对沿海岛屿进行了频繁的侦察；二是美方本周内从其本土调两个师到了日本，准备增援朝鲜战场，南朝鲜也有至少三万人在日本美军军事基地加紧训练。另外还有消息说，蒋介石的三万名士兵已经运抵济州岛。一切迹象表明，美军很可能在策划一次大规模的登陆作战，地点很可能是东海岸的通川、元山。在正面"联合国军"大举向"三八线"北进的时候，如果美军同时在朝鲜半岛的东西海岸进行大规模的登陆作战，那么，中国军队的供应线将被完全切断，对腹背受敌的

145

中国军队的局面将是灾难性的打击。

驻亚洲地区的美军是以两栖登陆作战能力而闻名的，机动能力很差的中国军队经受不住类似仁川登陆一样的两栖作战的夹击，尤其是在没有准备的时候。

彭德怀自担任朝鲜作战统帅时起，就一直对此抱有极大的警惕。要抢在美军可能发动登陆作战之前，在战线正面向其施加压力，以粉碎美军的企图，消除中国军队侧后的威胁。这就是彭德怀坚持立即开始新的战役的思想根源。

彭德怀按照自己的意见起草了给毛泽东的电报，电告了志愿军关于第五次战役的想法。

在4月6日的志愿军党委扩大会议上，彭德怀作了重要讲话。他指出："我们必须在4月20日左右举行战役反击，消灭敌人几个师，粉碎敌人的计划，把主动权夺回来。"

彭德怀要求立即抓紧时间进行政治动员和战术教育，组织第一批参战部队的干部向新参战的部队介绍作战经验，并向新参战部队派出顾问，立即展开战役侦察和战术侦察。同时，对后勤工作的要求是：加强囤积粮弹物资，保证参加这次战役的每个战士能自带5天的干粮，后勤分部同时准备可供部队5天的干粮随部队前进。要克服"三八线"一带150公里无粮区的困难，不允许有战士挨饿的情况发生，如果断粮一两天，再好的作战计划也没有用。卫生部门做好四万至五万伤员的收容治疗准备。工兵部队立即开始修筑熙川经德岘里、宁远、孟山到阳德的公路，准备一旦敌人从侧后登陆，中国军队的西线交通被切断时作为主要运输线。

彭德怀最后强调说，后勤工作我要再三重复一句，要特别认真对待东线 5 个军的粮食供应。如果这次打胜仗了，全体指战员的功劳算一半，后勤算一半。

彭德怀讲话以后，洪学智就战役的后勤保障发了言。

洪学智说，第三、四次战役，我志愿军只有六七个军，还打了胜仗。这次增加到 14 个军，炮兵由 4 个师增加到 11 个师，工兵增加到 9 个团，还有 4 个坦克团第一次参战，志愿军的兵力成倍增加，再加上朝鲜人民军，完全有力量打一个大胜仗。同时，由于部队数量增加，志愿军的后勤保障难度也增大了。到 4 月初，志愿军已囤积粮食 3000 万斤，弹药 3 至 5 个基数，但就怕到时运不到第一线，战士们吃不上饭。

为了解决这个问题，洪学智要求后勤部门和各部队都要努力改进运输，加紧囤积粮弹、汽油等物资。战役发起时，各参战部队自带 5 天干粮，另由各后勤分部准备 5 天干粮，随部队跟进。同时须用一切努力，克服南进时 150 公里无粮区的困难，使部队能不断获得粮食、弹药供应。为了克服运输上的困难，各部队在作战中，应预先组织一批司机，并利用俘虏，抢修缴获的汽车。还要在驻屯范围内，分段修路，遇有破坏，随

147

　　东北军区后勤官兵为志愿军加工炒面。图中的标语为：炒得好，炒得香，志愿军吃了把美军打得喊爹娘。

时修补。要求工兵指挥所立即派部队加修熙川经德岘里、宁远、孟山到阳德的公路，要使这条公路成为志愿军极重要的运输补给线。


　　前沿的炮声越来越近，美军的前锋部队已经距离上甘岭仅有十几公里了。会议一结束，参谋人员就要求彭德怀立即转移。机关已经转移了，这里实际上就剩下司令和副司令几个主要领导了，连电台都搬上卡车了，唯一的一条北撤公路要是被敌封锁，情况就危急了。彭德怀不得不上了吉普车。

新指挥部的地点是伊川北面的空寺洞。转移是趁黑夜进行的，为了安全，志愿军总部的首长分三批转移。彭德怀第一批走，洪学智第二批，邓华第三批。

"大路朝天，各走一边！"彭德怀走时难得地开了个玩笑。

战场就是战场，即使是中国军队最高指挥机关的转移也是险象环生。

洪学智在彭德怀转移的第二天天黑后乘吉普车上路。他没走多远，就遇到了美军飞机。飞机一发现目标便朝他们俯冲下来。天黑路窄，吉普车在躲避轰炸时一头开进了沟里，幸而人没有受伤，但洪学智和两个警卫员费了好大的力气，也无法把吉普车从沟里弄上来。正在一筹莫展之时，一辆运输卡车路过，警卫员赶紧上前拦下车，用卡车把吉普车拉了上来。

吉普车刚弄上来，警卫员还站在路上指挥卡车拖车，一辆因为防空而没敢开灯的汽车从黑暗中冲了过来，一下子就把警卫员撞倒了。警卫员伤势很重，洪学智命令肇事的汽车负责把这个警卫员送往医院，自己上了吉普继续走。

继续上路后大约一个小时，洪学智他们再次遇到空袭。这一段路上四下没有什么遮蔽，司机只好猛然加减速躲避。天黑，山路连续转弯视线又不好，在一个急转弯处一辆大卡车突然迎面开来，卡车的速度也很快，双方躲闪不及迎头相撞，这下更糟，吉普车车头都被撞扁了，一阵剧痛袭来，洪学智发现自己的双腿受伤。

卡车上坐的是第 40 军的一个财务科长，他发现自己竟然撞了洪副司令的车，而且首长还受了伤，吓坏了，白着脸结结巴巴地说着一串听不清的话。公路上险情还没有消除，卡车是执行运输任务的，洪学智活动了一下腿脚，觉得没有伤着骨头，就忍着疼痛挥挥手让他们赶紧离开。

洪学智惦记着先期出发的彭德怀的安全，坚决不肯去医院，他让司机试着发动车。美国造的吉普车果然厉害，车头都撞扁了，居然还能开动。后半夜的时候，这台东摇西晃的吉普车和一瘸一拐的洪学智终于到了那个叫空寺洞的地方。

朝鲜到处有金矿，到处有一些开金矿的洞子。志愿军司令部进到朝鲜以后都是住的金矿洞。大榆洞是金矿洞，君子里是金矿洞，金化是金矿洞，现在来的空寺洞又是金矿洞，后来转到桧仓也是金矿洞。空寺洞有很多山洞，山上山下都有。但是，这儿的矿洞里长年滴水，很潮湿，也更憋闷、黑暗，白天也得点蜡烛。好在山下有几间房子，还没被敌机轰炸过。洪学智让管理处的同志整理过后安排彭总入住，又让人在门口附近给他挖了一个小防空洞。

尽管很累，伤腿又疼痛得无法入睡，但是天刚亮，洪学智就起来了，他惦记着彭总的安全，就拐着伤腿去检查彭德怀的住房和防空洞。住房没有什么要处理的，但防空洞的工事进展让他很生气，他发现那洞居然做成了直筒形，很浅不说，外面的口还是敞开着的。如果敌机俯冲扫射，直接就可以将子弹扫到洞子里面去，这太危险了。

洪学智火了，让人把工兵连的干部叫来。这是个副连长，刚入朝不久，对美军飞机的空袭还完全没有概念。洪学智来不及多说，下令让他们立刻返工，重新修改。他详细地说明了洞口的角度和位置，并要求将洞内底加深，再加深，强调进了洞口后还要拐几个弯才能到洞底。

"只有这样才可以防止敌机扫射。"洪学智说。

仔细交代完后，确认这位工兵副连长已经完全了解了，他才离开。

洪学智和解方、杜平住在彭德怀下方的山坡上一间小房子里。天亮后，洪学智又安排人在小房子侧边的山沟里也挖了一个防空洞，以备急需。

第二天，洪学智起床后就去检查防空洞的情况。走到彭总的防空洞跟前，看来工兵副连长领会得不错，防空洞完全按他的标准来挖的。他当即表扬了这些年轻人，并要求大家抓紧时间，尽快完工。

受了鼓舞的工兵们干劲十足。两天后，防空洞基本成形。洪学智再一次来检查。

151

他在洞里洞外转了一圈后，还是不放心，又对管理员说，彭总的洞口还要处理一下，再在洞口用沙袋堆个隐蔽墙。

到了第三天的凌晨，防空洞终于完工。洪学智验收后，很满意。

当天晚上，邓华到了。

邓华到时已是午夜1点钟，因事先没有得到通知，众人都睡了。彭德怀住的房子是一溜3间。彭总住在东面第一间，管理处的人把邓华安排在西面的另一间。

邓华进门一看，屋里空空的，就问管理处的人："洪副司令住在哪了？"

管理员说："在下面的那间小房里。"

邓华说："我去和洪副司令住。"

管理员有些为难，说："洪副司令的房间有几个人了，已经很挤，这里没别的房子了。"

邓华说："那我也得去。你给我弄个行军床就行。"

夜已深了，赶了半夜路的邓华很疲惫了，他不想打扰别人，自己接过管理员手中的行军床，推开了洪学智的屋门。

洪学智还没有睡，见邓华搬了张行军床进来，高兴地迎上去。

两个人一起把床铺好，邓华躺下，两人还没说上几句话，邓华就奔拉下眼皮说："老哥，累死了，睡了。"话音一落就打起了呼噜。

早上5点多钟，天还不怎么亮，忽然传来一阵清脆的防空哨枪响。洪学智一下子警醒，他侧耳细听，马上就听见了轰鸣声，立即意识到敌机空袭来了。

洪学智大喊了一声：有飞机——就呼地一下从床上跳了下来。

解方和杜平也住在这间屋里，听见吼声也起来了，他们一起朝门外跑。

几步就跑到门口的洪学智一回头，见邓华还打着呼噜在床上睡得正香呢。他太累、太困了，昨天睡下时连衣服和鞋也没脱。

洪学智朝邓华大吼一声："快起来，飞机来了！"

洪学智的声音很大了，但睡得沉沉的邓华居然还是没醒。洪学智急了，返身一个大步冲过去，双臂一伸，一下子把邓华的行军床掀翻了。邓华整个人落在地上，这下子他醒了。醒了的邓华立刻明白了是怎么回事，洪学智来不及说话，一把拉起他跑出屋子。

他们的防空洞在这间房子后面，但空中飞机的轰鸣声逼近，拐过去已经来不及了。他们出了房门直奔一侧的山沟。洪学智的腿有伤，警卫员和邓华扶着他。说时迟，那时快，他们刚刚跳下沟，敌机的火箭弹就在身后落下了，他们回头一看，彭德怀住的房子被打中了。

153

浓烟四起，四下里什么也看不见了。

不好！洪学智叫道。

洪学智非常焦急，令警卫员赶快去看。片刻，警卫员回来，说彭总已经进洞了。正在这时浓烟中又有一个人影冒出来，是彭总的秘书杨凤安。原来彭德怀也不放心他们，让秘书过来看。

敌机走后，众人去看，彭德怀住的房子已被打坏了。彭总防空洞门口堆的草袋子上密密麻麻全是子弹眼，警卫员数了半天，足足数出有70多个子弹眼。管理员吐着舌头说："幸亏昨天洪副司令让改了洞口堵了沙袋子，要不然，还真危险哪！"

洪学智他们住的房子也被机关炮扫射了。邓华睡觉的地方，地上留下好几个龇牙咧嘴的大洞，特别是他那张行军床，正中就有个巨大的窟窿。

弯腰看着那窟窿，邓华哑然了半晌，末了，他对洪学智说："老哥，今天要不是你，我大概早已上西天了。"

10日，彭德怀将第五次战役的具体设想和部署电告毛泽东。

13日，毛泽东回电表示完全同意，并指出，"为防敌从元山登陆，似须以42军主力位于元山城内及其附近，确保元山"。

11日和18日，志愿军司令部向所属部队发出战役指导与战术思想的指示，强调只要我军能紧紧掌握集中优势兵力、各个消灭敌人的原则，在战役上把敌人东西割裂，并以足够兵力，把并进之敌分割为几大块，集中绝对优势兵力、火力迅速分别歼灭，我们就一定能胜利。此战役能否大量歼灭敌人，重要环节在于全军能否坚持白天作战。

抗美援朝战争期间志愿军后勤主要成绩和立功情况

| 名称 | 数量 | 名称 | 数量 |
|---|---|---|---|
| 从国内前运物资 | 9600 种，2600000 吨 | 汽车运输 | 2044000 多台次 327000000 多吨公里 4800000 多吨运量 |
| 救治伤员 | 383218 名 | | |
| 补充枪支 | 480000 支（挺） | | |
| 救治病员 | 455199 名 | 铁道部队新建铁路修复铁路铁路运输 | 212 公里 784 公里 385234 节车皮 8000000 多吨运量 |
| 补充火炮 | 13000 多门 | | |
| 修理枪支 | 75984 支（挺） | | |
| 补充汽车 | 21000 多辆 | 涌现功臣 | 48039 名 |
| 修理火炮 | 14100 多门次 | 其中特等功 | 3 名 |
| 新建公路 | 2500 多公里 | 一等功 | 115 名 |
| 修复公路 | 8100 多公里 | 二等功 | 1914 名 |
| 新建仓库 | 15337 个（座） | 三等功 | 46007 名 |
| 新建病房 | 6978 幢 | 集体三等功 | 766 个 |
| 新建简易营房 | 70680 座 | | |

政治部主任杜平和洪学智商量起草了第五次战役的政治动员令，于19日向全军发出。动员令中指出：这次战役是我军取得主动权与否的关键，是朝鲜战争的时间缩短或拖长的关键，号召全军动员起来，发扬艰苦奋斗的精神，以无比的勇敢和智慧，成建制地消灭敌人，争取每战必胜。

这期间，新入朝的十九兵团、三兵团和前段时间一直在休整的九兵团已分别集结到预定地区。新入朝的炮兵第2师及炮兵第8师1个团、防坦克歼击炮兵第31师和高射炮兵第61师均已配属到了各军。为保证铁路、公路畅通，军委调铁道兵第3师和4个工兵团入朝，并指派公安第18师担任铁路、公路沿线的防空哨，负责对空监视。还成立了前方勤务指挥部，指挥6个分部分别负责对3个兵团的后勤保障工作。

这时，志愿军在朝鲜已共有14个军、6个炮兵师、4个高炮师及一定数量的铁道兵、工兵、公安、后勤等部队。其中除第38、第42军及新入朝的第47军在后方休整，并担任海防与抢修机场任务外，担任一线正面作战的部队已达到3个兵团11个军和3个炮兵师及1个高炮师。

第五次战役发起的时间最后确定为：1951年4月22日。

# 第五章

## "前方是我的，后方是你的！"

### *1.* "洪大个子，给你一个梨！吃梨，吃梨，给你赔个梨（礼）！"

按照彭德怀的计划，第五次战役一天天接近了发动的时刻。

这一天，彭德怀出现在司令部办公室门口的时候，众人都吃了一惊。

空寺洞的条件比大榆洞还差，司令部办公室的洞子潮湿黑暗，终日滴水，彭德怀大步进来带起的一阵风，让四壁墙上挂着的风灯一阵火苗闪烁。

彭德怀紧绷着脸，手握着一份电报纸，进门就高声说着："你这个洪学智，怎么搞的？"

洪学智不清楚发生了什么，赶紧迎过来："老总，什么事？"

彭德怀捏着电报晃着说："60军那边缺粮食，都拿衣服换粮食吃了，部队马上要出发作战了，这仗还打不打？你误了我的军机呀！"

彭德怀手中捏着的，是第60军的来电。电报说部队已进入战役发起前的待机地域，可是有的部队已没粮食吃了，拿大衣与老百姓换粮食、酸菜，请赶快补给，等等。

看完电报，洪学智很冷静。他将电报交回彭德怀手上，清晰地回答说："彭老总，他们的电报不准确，给他们的粮食都送到了，少的保证5天，多的可以保证一个星期。他们的粮食没有问题。"他接着就把发放的粮食基数、发车数量、发车时间、发往位置等情况一一明确地报了出来。

洪学智的记忆力极好，过目不忘。洪学智又极细致，他有一个习惯，不管多忙每天都要独自坐两个小时，白天没时间就晚上进行。静坐的时候他闭着眼睛，不说话也不动弹，把一天所有的事情在头脑里细细密密地过一遍，再把第二天的事情提前思考一下。

彭德怀还是不太相信，鼓着眼睛看着洪学智，意思是：物资发放头绪甚多，你会不会搞错？

洪学智明白彭德怀的意思，主动说："老总，你可以派人去调查。如果真的有问题，我洪学智负责任。"

彭德怀说："当然要派人调查了！"

彭德怀说完转身就走。

因为事关重大，彭德怀回到自己办公室立刻派了秘书杨凤安去60军调查。

第二天，杨凤安从60军给彭德怀发回电，说他已亲自问了60军军长韦杰和政委袁子钦。洪副司令讲的完全是实情，粮食早已送到了。因有的单位违反纪律，拿大衣和毛巾换老百姓的酸菜和鸡吃。起草电报的参谋没搞清楚情况就急急忙忙地发了电报，反映的情况不对，部队并不缺粮食。

159

晚上，后勤参谋给洪学智送来杨凤安的回复电报，情绪有些愤愤地说："洪副司令，这个部队没搞清楚就乱报告，害得我们挨剋。"

洪学智看着电报，没有说话。

参谋小心翼翼地说："首长，要不要追究他们谎报情况的责任？"

洪学智沉吟了一下："算了，别追究了。战争期间情况搞不准也情有可原。"

洪学智接着说："不过，这件事提醒我们，也告诉部队，对工作要认真负责，作风要细致，坚决不可出纰漏。"

转过天，吃早饭时，彭德怀站在门口，见洪学智过来了，就上前拉着他的手，笑着说："洪大个子，前天错怪你了，对不起呀！"

　　望着眼见入朝后一头黑发变花白的老总，洪学智敦厚地笑着："老总呀，你怎么讲这个话呢，这我可担当不起呀！"

　　彭德怀手上拿着个梨，递给洪学智，认真地说："洪大个子，给你一个梨！吃梨，吃梨，给你赔个梨（礼）！"

　　洪学智说："彭老总，您作为统帅是从全局出发看问题的，你是怕部队饿肚子，影响打仗，是高度的责任感。如果我没弄好，就应该受批评。现在问题弄清楚了就很好嘛，没什么要道歉的。"

　　彭德怀笑了，一脸的皱纹丝丝缕缕地绽开："算了，算了，不说了，我们下盘棋吧。"

　　下棋是洪学智与彭德怀二人特有的深入交流的方式。入朝后彭德怀每天都十分劳累，前线没有条件娱乐，彭德怀也没别的爱好。看着彭总特别劳累或者紧张得夜不能寐的时候，洪学智就拉着他下棋。今天，彭德怀意识到对洪学智批评错了，就打圆场，主动提出说下盘棋。

　　洪学智说："下棋好呀，不过咱们得先讲好，拴不拴绳子？"

　　彭德怀孩子般地嘟起了嘴："我哪回拴过绳子呀！"


　　1988 年冬，为纪念抗美援朝胜利 40 周年，洪学智应邀撰写抗美援朝战争回忆的文章。秘书在帮他誊抄书稿时，看到这一段，就停下来问："首长，什么叫拴绳子？"

洪学智说："拴绳子呀，就是在下棋的时候，被对方吃了子不算，又捞回去，悔棋。"

洪学智这天没有戴牙套，说出话来有点透风，脸上的皱纹也较平时深了许多。他笑着说，彭总严肃，有些同志不大敢接近他。那时他工作很紧张，太紧张了，前线也没条件可以放松消遣的，连散个步，打个球都做不到，他唯一的爱好就是下下象棋。彭德怀有着极高超的军事指挥艺术，但棋艺却不大高明。

在亲密战友们面前，彭德怀性情耿直心地纯净得像个孩子，有时他下不赢了着急，就会悔棋，望着这位令人敬爱的老总，洪学智就会说："看看，看看，你是老总，怎么能这样呢？"

彭德怀扭着脖子说："老总怎么就不能这样，我改变战略了！"

洪学智本来也是为了让老总放松消遣，就退让了。彭德怀赢了棋，会高兴地站起来一拍手："胜利了！"而一旦输了，就会说："怎么输了呢？你个洪麻子！点子比麻子还多！"

那一天，洪学智将军这样对秘书笑着说着，突然不说话了。他注视着远方，不知是想到什么，过了一会儿，一层泪水漫上了老将军的眼睛。

老总，真想你啊——他讷讷地。

那一天，彭德怀果真没有拴绳子，他和洪学智下了两盘棋，一比一，平局。

1951年5月29日傍晚7点钟，大雨如注，铺天盖地。洪学智正在楠亭里新成立的志愿军后勤司令部（简称"志后"）一个潮湿阴暗的矿洞里，电话铃忽然响了。他拿起听筒，电话里响起了彭德怀沉重而沙哑的声音："是洪副司令吗？"

洪学智说："是我，彭总，有什么事吗？"

彭德怀说："当然有事情，你立即回来，有重要事情。"

洪学智心中暗暗一惊。由于前方部队伤亡很大，几天前，韩先楚副司令员被彭德怀派回国去了。韩走后不久，邓华副司令员因夜间行军头撞在吉普车挡风玻璃上，面部撞伤，回沈阳治疗去了。此时已兼任志愿军后勤司令员的洪学智被彭德怀派到志后去主持工作。当时洪学智考虑到邓和韩都不在，志司就剩下彭德怀一个人了，万一有什么事连个帮手也没有，就想等邓或韩回来一个再走。彭德怀找到他说："既然已经定了你兼后勤司令了，你就到那边去吧，那边还有好多事等着你去办呢！"

昨天晚上才冒着倾盆大雨连夜赶到了志后司令部，现在又让回去，一定有重要的事情。电话里彭德怀的声音也很焦急。洪学智二话没说，迅速出发。

雨势猛烈，加着闪电雷鸣，天地间一片汪洋。

昨天来时经过的一条河，一夜之间河水升高了许多，水进了发动机，吉普车熄火了。洪学智坐在车里，眼看着河中的水一个劲儿地往上猛涨，把车冲得直摇晃。警卫员下去又推又弄，眼看着河水即将淹到车窗的时候，汽车"嗡"的一声，一下子冲了出去。

车子驶上河岸后，洪学智回头看见了河中被洪水冲得乱滚的石头，心中暗想："好险哪！"

雨大天黑，山高路险，再加上怕敌人空袭，还不敢开大灯，车走得很慢。等他们到了空寺洞，已经是半夜两点多了。

一身湿透的洪学智跳下车，就急步跑向彭德怀住的洞子。

外面冷风寒雨，洞内却闷热潮湿。洪学智一进洞，就见彭德怀一个人在那儿焦急地来回踱着步子，他只穿着一条短裤，打着赤膊，还满头大汗。听见动静，他停下脚步，抬起熬得发红的双眼看着洪学智说："噢，你回来了！"

"你看！"彭德怀递过来一份电报，"你看看，从来没有过的事情都出现了。"

"60 军出问题了，180 师同军部、同三兵团和志司都失去了联络。电台怎么也联络不上。韦杰（60 军军长）昨天说，这个师还在行军，还在往回撤，可派部队去找呢，又找不到。"他一边说一边连声叹气，停了一会儿又说："现在让哪个军去接应呢？有的军离它不远，可是电台忽然又不通，接也没法子接了。"彭德怀焦急地说。

163

164

电报有三兵团发来的，也有 60 军发来的，都说同 180 师联络不上，而且无处寻找。这时，志愿军经过连续作战，部队极度疲劳，供给难以为继。所以，彭德怀决定于 5 月 21 日结束第二阶段作战，部队向北转移。

5 月 23 日晨，敌人在志愿军主力尚未转移之时，即利用志愿军行动缓慢、补给困难的弱点，开始了大规模、有计划的猛力反扑。他们集中了 4 个军 13 个师的兵力，而且改变了战法，各师均以摩托化步兵、炮兵、坦克组成"特遣队"，并有大量飞机和远程炮的支援，沿着公路向志愿军纵深猛插，主力则从正面推进，给志愿军的后撤带来了很大的困难。

由于担任掩护的部队有的未能及时进入防御地区，有的虽然已进入了防御地区，但又未能有效地控制要点与公路，组织有效的交替掩护，致使全线出现多处空隙，敌人的"特遣队"得以乘隙而入，插入志愿军纵深，造成了混乱被动的局面。

25 日晨，180 师渡过北汉江，继续阻击敌人，黄昏后奉命向芳确屯地、新岱以北地区转移，因山高路窄，运动困难，再加上该师自带伤员 300 余名，当夜未能到达指定地域。此时，美第 24 师攻占间村，美第 7 师攻占梧口南里，伪第 6 师进到芝岩里地区。180 师被隔于芝岩里以南之北培山、驾德山、梧月里地区。

26、27 两日，60 军先后以 181 师、179 师从华川以东两次接应 180 师，皆因兵力过少，距离甚远，通信中断，而未奏效。

洪学智很着急："我们的部队正在往后撤，敌人正在跟踪追击，这样联系不上，不会出了什么问题吧？"

彭德怀斩钉截铁地说："还是想办法继续联系，整整1个师，不能就这么白白地丢了。三兵团和60军的领导太犹豫，迟疑不决，联系不上就干等着，也不赶紧派人去找、去接应，好几天的时间白白地耽误过去了。刚才，我又给他们发了一份紧急电报，命令他们立即派人紧急救援180师。"

停了一会儿，彭德怀又说："这事就先这样吧，现在邓华、韩先楚都不在，我们一起研究一下，看看下一步怎么办。"

彭德怀指着地图说："你看，敌人已经分几路向北进攻，金化、铁原这边也来了不少。"

洪学智看着地图上的标记，心里一惊——敌人推进的方向正好对着空寺洞志司，算距离也就是六七十公里的样子。

洪学智立刻说："老总，我们在这一带没有部队，如果敌人真是一个劲儿地追上来，志司这个位置就危险了！"

彭德怀很安然，洪学智知道他这会儿脑子里要思考的事情太多，根本不会考虑自己的安危。洪学智站到彭德怀和地图之间，挡住彭德怀的视线："不行，老总，得赶快调部队到铁原前面来，守住空寺洞前面这个口子！"

彭德怀扒拉了他一下，说："各个部队都在一边阻击敌人，一边后撤，任务都很重，伤亡又都很大，调哪个部队呀？"

165

"那也得想办法调！"

彭德怀不考虑个人安危，但洪学智必须考虑老总和志司的安全。他趴在地图上，一边看地图，一边飞快地转着脑子。他的目光忽然停在一个位置：位于空寺洞后方 100 多公里的阳德有个小红圈——42 军恰好刚刚撤至阳德。洪学智用手一拍这个点："让 42 军上来吧！守住铁原通往空寺洞的这个山口，保证总部安全。"

空寺洞四面环山，只有前面一个口子可以进出，守住这个口子就守住了志司。彭德怀沉思了片刻，说："算了吧，他们也是刚刚到阳德，不要让他们再上来了。"

洪学智坚持说："刚到也得来。这事你别管了。我通知他们，让他们全军来，连夜来。"

彭德怀见洪学智十分坚决，就说："来也可以，但不要全军来，来 1 个师吧！"

洪学智摇头："1 个师太少了，老总，来两个师吧，让军部带来。"

彭总想了一会儿说："也好，就这样吧。"

事不宜迟，还穿着一身湿透衣服的洪学智立刻起草电报，发给 42 军，让军部带两个师连夜赶到铁原。

42 军接到电报就立刻行动，部队冒着大雨在黎明前赶到，迅速堵在铁原至空洞寺的口子上。

42 军的两个师刚刚布好防线，天就放亮了。

天刚亮，志司就接到报告：一股敌人进到了山口。洪学智马上命令这两个师迅速做好战斗准备：

"通知部队，不必隐蔽，拉开架势，准备接敌。"

天已大亮，连夜赶到的敌人突然发现对方早已严阵以待，知道一夜之间情况发生了变化，自己所处的位置地势又不便，就撤出了。

就这样，由于洪学智及时敏锐反应和果断处理，解除了志司可能面临的一场巨大的危机。

空寺洞虽然稳定了，但洪学智考虑，这次事件后这个位置作为指挥部已经不适宜了。经洪学智建议，把司令部从空寺洞移到了桧仓。桧仓靠近平壤，离金日成近了，与朝鲜方面联系比较方便，指挥位置比较适中。此时，整个朝鲜战争的战局已由战略反攻阶段转到战略防御阶段，战线基本上固定在"三八线"附近，志司就长时间地住在了桧仓。

洪学智在他的《抗美援朝战争回忆》一书中，回顾第五次战役情况时，做了如下分析总结：

第五次战役，我们虽然胜利了，但不很圆满。第一，准备仓促。这次战役由于急于破坏敌人的登陆计划，提早发起了攻击，我战略预备队刚刚集结，只做了仓促的准备就投入了战斗，特别是新参战的部队，刚到朝鲜，对敌人的特点及地形情况还不够熟悉，尚无直接与美军作战的经验，战术准备不足，粮弹储备不多，使得作战行动受到很大影响。第二，在朝鲜那样多山而且山脉大都为南北走向的地形条件下，与具有现代化装备的美军作战，采取正面突破的方法，分割包围敌人是困难的，不易切断人的后路，因而形成了一面平推，未能更多地歼灭敌人的有生力量。第三，战役收尾，主力部队后撤时，我掩护部队的组织和协同都不够好，再加上180师领导指挥的错误，致使该师遭受严重损失。

回国后，在一次介绍抗美援朝经验的会议上，在谈到第五次战役最后吃了亏的不利情况时，彭德怀说：

关于第五次战役的打法，洪学智曾向我提过意见，我没有采纳。现在看来，洪学智的意见是正确的。

## 2. 这一天，洪学智发火了！

第四、第五次战役期间，是志愿军后勤工作最困难最艰苦的阶段。洪学智殚精竭虑。

就在第五次战役准备进行到紧张阶段的时候，传来了三登仓库被美军飞机轰炸的消息，洪学智大怒。

三登在平壤以东，成川以南，是铁路沿线上一个比较隐蔽的小车站，是志愿军后勤一分部库存作战物资主要的卸车点和转运站。它担负着供应第 39、第 12、第 15、第 66、第 63 军的任务。从 2 月初到 4 月上旬，这里一共卸下粮食、服装、食品等物资 700 多车皮，除大部分被转运走之外，还存放着 170 多车皮的物资。其中有 150 车皮物资堆放在三登北、西两面约 15 华里的山脚处和沟岔里。美军发现了这个目标，从早晨 6 时至下午 4 时，4 架敌机轮番轰炸，150 车皮军用物资，被炸着火的约有 90 车皮。经部队冒险抢救，最后抢出大约 6 车皮，总共损失约 84 车皮。其中损失生、熟口粮 260 万斤，豆油 33 万斤，服装 43.8 万套，还有大量其他作战物资。

彭德怀闻讯后盛怒至极："暴露目标和直接责任人要军法处置！"

作为主管后勤保障的副司令员，洪学智对三登被炸所造成的严重损失更是痛心不已。

志愿军加紧进行战役准备，巩固提高后勤保障能力的时候，敌人也没有闲着，他们千方百计地破坏志愿军的后勤补给线，对志愿军后方交通、物资囤积地和部队集结地进行了空前猛烈的轰炸。客观上，三登的被炸，暴露了当时志愿军运输和防空力量的落后。如此重要的物资转运站竟然没有高射炮兵的保卫。三登这个小站，洞小物资多，一时运不完，没能及时大量分散和隐蔽，是主观上对敌人可能的破坏活动严重估计不足。这件事再一次令洪学智认识到，后勤必须有自己的防空力量。同时，几次战役以来后勤暴露出的主观问题也令他深深思考。

经过广泛深入的调查研究，洪学智向彭德怀做了汇报后，写下了《关于供应问题的指示》一文。文中，洪学智对志愿军部队中后勤方面存在的问题做了全面的分析：

现在虽然运输工具增多，后勤组织有很大改善，但因第二番部队与特种兵的调来，人马车辆激增，而当地实已无法筹措，一切都需要从国内运来；加上敌机更为疯狂，日夜封锁我重要桥梁道路，扫炸车辆物资，所以这种困难越来越严重，如不迅速设法克服，势必影响战争的坚持，以至朝鲜战争的胜利。我们认为，除上述客观原因外，主观上也存在着许多严重弱点，最重要的就是我们许多同志对物资的爱护和运输力的发挥很不够，加之后勤本身工作上的一些缺点，这就造成许多（本）可以避免或减少的损失，从而加重了自己某些方面的困难。

洪学智还从武器、弹药、车辆、物资、运输力等几个方面阐述了部队表现出来的问题。

分析上述问题存在的原因，洪学智一针见血地指出：

上述例子充分证明，在我们某些干部中和某些同志中，存有严重的游击习气和本位主义，不爱惜自己的物资，不尽力抢救缴获物资，没有很好发挥自己的运输力量，这是一种对战争、对人民缺乏负责态度的表现。志愿军党委认为，这种现象是非常严重而有害的，必须迅速纠正，坚决克服，才能赢得战争的胜利。

在文章的最后，洪学智大声呼吁：

首先，必须使志愿军全党、全军深刻认识，战争是人力物力的竞赛，尤其对具有高度技术装备的美帝作战，如果没有最低限度的物资供应，要想战胜敌人是不可能的。

其次，应使全军指战员深刻了解，我们的作战物资是有限度的，尤其运输是很困难的，故应十分爱惜、节约使用我们的物资，尽量减少损失。不丢一枪一弹，不浪费一米一物。

后勤工作是极为困难和复杂的，没有全军的协助，仅仅依靠后勤部门同志的努力，要完成此种艰巨任务也是不可能的。因此，志愿军党委认为，后勤工作（供应、运输、伤员救护、爱护物资、抢救缴获等）是目前时期我们一切工作中的首要环节，并责成各级党委加强对后勤领导。把它列为议事日程的第一项……

《关于供应问题的指示》一文，事实清楚，论据准确，分析透彻，见解深刻，特别是最后部分的呼吁，发人深思、振聋发聩。彭德怀十分认可也十分满意。他知道，如若不是具有高度的责任心和超强的工作能力，很难做到。长期从事军事和政治工作，洪学智不仅业务全面，而且眼光犀利，头脑清醒，反应敏锐，判断准确，非常善于把握关键问题，善于穿过纷纭复杂的现象直扑主题，且作风严谨，敢做敢为。

4月下旬，第五次战役第一阶段后期的一天，洪学智正在楠亭里第2分部检查督促物资前运工作，忽然接到了彭德怀的电话，让他马上回志司。洪学智匆忙赶到空寺洞时，天已经黑了。一走进矿洞，彭德怀就大声说："老洪呀，你马上回国。"

"回国？"洪学智感到很突然。

彭德怀显然是深思熟虑过的，他背着手踱了几步，烛光把他高大的身影投射到洞壁上。"党中央、政务院、中央军委对志愿军后勤供应工作很关心，你回去一趟，向周副主席汇报一下我们前线后方供应的情况。"

几个月前，即1951年1月底，因第四次战役打响后前方供应困难，负责志愿军后勤工作的东北军区后勤部长李聚奎到志司了解供应情况。

当时东北军区后勤部在前线只有一个指挥所，由张明远、杜者蘅带着几个人和一部电台组成，力量很单薄。李聚奎来后，彭德怀找洪学智商量，准备把李留在前面，加强前线的后勤指挥。不想，李聚奎到前线不久就闪了腰，只好返回东北。在这前后，彭德怀曾几次向洪学智谈起想成立志愿军后方勤务司令部的设想。李聚奎离开后，彭德怀下决心组织志愿军后方勤务司令部。

*173*

彭德怀说："朝鲜战场的后勤情况，你最清楚，你回去最合适。另外，把我们决心成立志愿军后方勤务司令部的想法也和周总理汇报一下。"

洪学智说："老总，当面向党中央、中央军委报告实在太有必要了。"

洪学智简单收拾行装后，带着警卫员，当夜就出发了。


## *3.* "这个后勤司令，你不干，谁干？"

1951 年 4 月底的北京，已经是一派早春气象了，草长莺飞，春风如酥。洪学智驱车进入长安街。一路上，碧水清波，翠柳红墙，车外的行人笑语盈盈。这是得到平静安宁的祖国首都啊——他的内心一阵激动。

没有来得及休整，洪学智就风尘仆仆地直接赶到了中南海。

周恩来已站在办公室门口等着，一见洪学智，周恩来就疾步上前紧紧地握住他的手说："洪学智同志，你辛苦了！"

洪学智心头一热："周副主席辛苦。"

落座后，周恩来关切地问："前线作战情况怎样？"

洪学智详细汇报了前线的基本情况，他报告了没有制空权的困难，说："志司已经加强了高炮部队，并已在关键点上增设了防空哨。但还是不够。前线将士都盼望我军出动飞机。"

周恩来说："中国有飞机，许多与我国有深厚友谊的国家有飞机，但是飞机参战还不是时候，这个你当副司令的，应该是很清楚的。"

飞机要吃油，要有起降机场、弹药、航材等一整套配套保障，以目前朝鲜战场的运输能力，就是把一切军需弹药都停运，也不见得可行。这是明摆着的。

周恩来问了另一个关键问题："供应主要是什么问题？"

洪学智汇报说："志愿军没有防空力量，公路运输线长达数百公里。第三次战役时，前面的兵站与后面的兵站相距三四百公里，形成中间空虚，前后脱节。另外，后勤高度分散，也没有自己独立的通信系统，常常联络不上。敌人参战的飞机已由1100多架增到了2000多架，并由普遍轰炸转向破坏我运输线，特别是凝固汽油弹对我地面仓库、设施危害最大。敌人还派遣大批特务潜入我后方指示目标轰炸。4月8日，敌机向我三登库区投掷的大量燃烧弹，损失巨大。后方供应的物资只有百分之六七十能到前线，百分之三四十在途中被炸毁……这种情况下，志愿军也采取了积极预防措施，每次战役发起前，除汽车装满、马车装足外，人员还加大携带量，一个战士携行量达六七十斤。在部队运动迅速、供应困难、后勤跟进不及时的情况下，这是一线作战部队生存和战斗的必要保障手段。"

周恩来明亮的眼睛含着泪光："我们的战士辛苦了。"

175

总理流露的深情让洪学智感动，他平静了一下情绪说："战士们虽然苦一点，但感到还是这样保险一些。"

洪学智继续说："美军常常把丢弃的作战物资炸毁。所以，在前线取之于敌十分困难。正因为如此，志愿军采取的第三条措施就是与朝鲜政府协商，开展就地借粮。但是在'三八线'以南至'三七线'一段地域不行。这里原为敌人占领，经过敌人反复搜刮，而且当地人民对志愿军也不了解，就地筹措非常困难，形成了300里的无粮区。我们的措施主要是改进运输方法，组织多线运输，并由成连成排运输改为分散运输跑单车。另外，实行分段包运制。这样各汽车部队可以熟悉本段敌机活动规律和道路情况。再就是在沿线挖掘供汽车隐蔽的掩体，这可以减少人员、车辆的损失，大大提高了运输效率。"

周恩来说："你们做得好。抗美援朝战争，对我军后方供应提出了许多新的问题。你们要好好研究一下现代战争后勤工作的特点。我们要同朝鲜人民一道，克服困难，不怕牺牲，一定能打败美帝国主义。"

汇报进行了很久，周恩来看到洪学智疲惫的神情，就问："你刚回来，很辛苦，需要休息。还有什么问题要讲？"

洪学智坐正说："彭总还让我向你汇报一个重要问题。"

周恩来问："什么问题？"

洪学智说："成立志愿军后方勤务司令部。"

"啊？"周恩来很感兴趣地问，"说说你们的想法。"

洪学智说："从朝鲜战争中彭总和我们都逐渐认识到现代化战争中后勤的作用。现代战争是立体战争，在空中、地面、海上与前方、后方或同时进行，或交叉进行，战场范围广，情况变化快，人力物力消耗大。现在欧美国家都实行大后勤战略，50公里以前是前方司令部的事，50公里以后就是后方司令部的事，战争不仅在前方打，而且也在后方打。现在，美军对我后方实施全面控制轰炸，就是在我们后方打的一场战争。这场战争的规模，不仅决定了我们在前方进行战争的规模，而且也决定了前方战争的成败。我们只有打赢了这场后方的战争，才能更好地保证我们前方战争的胜利。后勤要适应这一特点，需要军委给我们增派防空部队、通信部队、铁道部队、工兵部队等诸多兵种，而且需要成立后方战争的领率机关——后勤务司令部，以统一指挥后方战争的诸兵种联合作战，在战斗中进行保障，在保障中进行战争。"

周总理一边听，一边点头，说："你们的这个想法很好，很重要，军委一定尽快地加以研究，尽快地采取措施。"

在当时的历史条件下，一个刚刚从国内战争中走出来的中国军队的将领，能够如此深刻地理解现代战争的一些特点，实在是件了不起的事。

汇报结束，周恩来将洪学智送到门口，边走边说："马上就到'五一'了，你准备一下上天安门吧。"

洪学智低头看看自己一身破旧的军装，咧着大嘴笑呵呵地说："周副主席，您看我这个样子，怎么上天安门呀？"

周恩来优雅地两手一抱："怎么不能上，你穿这衣服代表志愿军嘛！"

洪学智摇手："不行不行！"他的潜台词没有说出来，他没有带衣服换，留在朝鲜的那一套就是带着，也是旧得褪了色，有好些地方还磨破了。

周恩来明白了："这样吧，我告诉杨立三，让他给你赶做一套新军装。"

"五一"劳动节到了，北京市举行盛大游行。穿着崭新军装的洪学智登上了天安门城楼，他放眼望去，明净的蓝天下，天安门广场是歌声和红旗的海洋。他想起阴暗潮湿山洞里的彭老总，

177

想起还在炮火连天的战场上的战友们，不由得眼睛湿润了。

一位工作人员来到他面前："洪副司令员，毛主席要接见你。"

巨大的惊喜涌来，洪学智跟着他走进了天安门城楼休息室。

大红的地毯映亮了整个屋子，毛泽东和中央领导同志在室内就座。洪学智上前敬了个礼，毛泽东用手指着他对在座的领导同志说："洪学智同志是志愿军的副司令员，是从朝鲜前线回来的，是志愿军的代表。"

众人一起鼓掌，纷纷上前与他握手表示欢迎慰问。

自延安一别，这是洪学智第二次见到毛泽东。

气宇轩昂地走进来的洪学智，显然瞬间就激活了对当年黄土高坡上的那个细长高个子年轻军人的记忆，目光还是清澈明亮，只是姿态沉稳，眉宇坚毅，那是无数风雨历练之后的深厚积淀。毛泽东微笑着，亲切地拍了拍身边的座位，示意洪学智坐下，问道："彭总身体怎样？"

洪学智端正地回答说："彭总身体很好。"

毛泽东说："你们打的敌人有飞机、坦克、大炮和海军的优势，是武装到牙齿的敌人。"

朱德总司令在一旁说："你们打的是一场真正的现代化战争。"

毛泽东说："你们每打一仗都要很好地总结经验。"

洪学智频频点头。

毛泽东俯身靠近洪学智，接着又问："你回来汇报的问题解决了没有？"

洪学智说："已经向总理汇报了，总理已做了安排，他还要

1957年1月，洪学智（左一）与毛泽东、邓小平、彭德怀的合影。

找我谈一次。"

毛泽东点头。

几天后,周恩来的秘书通知洪学智过去。汇报中,洪学智根据自己对战局的分析,提出了两条建议:

第一,在军事斗争方面要作长期打算,建议构筑坑道工事做坚守防御,伺机反攻。

第二,在后勤工作方面要加强保障,建议实行集中统一指挥。

也就是在这一次回国向党中央和中央军委的汇报中,洪学智开创性地提出了:建立集中统一的后勤指挥体系,形成合成军队后勤的组织结构的思想。

洪学智向中央汇报完工作后,很快返回了朝鲜。

洪学智的汇报引起了周恩来和中央军委的高度重视。很快,军委专门派出了由总后勤部部长杨立三、副部长张令彬、空军司令员刘亚楼和炮兵司令员陈锡联等同志带队的一行人,在第五次战役后期正紧张的时候到朝鲜战场,具体了解后勤困难,研究如何加强对志愿军后勤的支持,如何加强志愿军的后勤建设。

彭德怀对他们说:"现在最困难、最严重的问题就是后勤供应问题,就是粮食供应不上、弹药供应不上的问题。要解决这个问题,就要加强后勤建设。当务之急就是要迅速成立志愿军后方勤务司令部，不解决这个问题，其他的问题都不好解决。这个问题我已让洪学智向周总理反映了，现在我再反映一下。"

志愿军迟迟没有成立自己的后勤部，原因很多。

志愿军入朝，从正式定下时间到部队开进，不过半月有余，要在这么短的时间里，组织一个为30万大军出国作战提供后勤保障的后勤司令部，时间上显然来不及。

朝鲜战争爆发后，为保障东北边防军的后勤供应，于1950年8月匆匆成立了东北军区后勤部，成立之初，人员就严重不足，机构不健全。志愿军出国前，原定作战地区后勤由东后代管，问题不大。所以，毛泽东主席在1950年10月8日的命令中明确规定志愿军后勤由东北军区负责。东北军区抽调了军区后勤部副部长张明远和东北人民政府农林部部长杜者蘅带领少数人员组成了东后前方指挥所（简称"前勤"），随志愿军总部出国，负责作战地区后勤供应。半年多来，随着战争的发展变化，逐渐证明了这种领导体制与战争的要求很不适应。

在前三次战役期间，由于敌机轰炸，东后前运的大批物资，大部分被积压在鸭绿江边和铁路沿线，不能及时运到部队。第四次战役开始时，敌参战飞机由1100架增加到了1700架，由对后方的普遍轰炸，转到重点破坏志愿军运输线，车辆和物资损失更是严重。第五次战役后期，部队主要是防御作战，消耗

181

大，但战场缴获少，一切都要靠后方统一供应。且这时，大量部队先后入朝，总兵力已达95万人，比刚出国时增加了3倍多。特别是由于技术兵种增加，弹药、器材、油料的消耗大幅度增加。这样百万大军的后勤供应，再靠东后来代管，已力不从心。

为了打赢这场后方的战争，成立志愿军后方勤务司令部显得越来越必要。

杨立三、刘亚楼等认为彭德怀他们的意见很有道理。回京后立即向毛泽东、周恩来、徐向前、聂荣臻等军委领导作了详细汇报。军委经过研究，同意了建立志愿军后方勤务司令部的意见，并发出指示，决定在安东与志司驻地之间，组织志司的后方司令部。

1951年5月14日晚，志愿军党委常委在空寺洞的一座木板房里开会，研究志愿军后勤司令部的机构设置、干部配备等问题。彭德怀、邓华、洪学智、韩先楚、甘泗淇、解方、杜平等人参加了会议。

会议一开始，彭德怀就说："有一件事情，咱们得先定一下，中央决定成立后方勤务司令部时，说后方勤务司令部在志愿军司令部首长的意图和指挥下进行工作。现在中央又给我发来电报，要求后方勤务司令部司令员要由志愿军一个副司令兼任。现在我们就先定一下，谁来兼这个后勤司令。"

自入朝参战以来，后勤都是由洪学智兼管的。志愿军的副司令一共4个，朴一禹是朝鲜人不能兼，邓华和韩先楚原来也都没分管过后勤。此刻洪学智一听彭德怀说这话，就预感到八成得由自己来兼了。

当时，从内心讲，我并不愿意兼这个后勤司令。

**183**

几十年后，已年过七旬的洪学智在自己的回忆录中说起这件事时，他这样说。

洪学智不愿兼的原因有两个：一是他长期以来一直做政治工作和军事工作，对军事工作和政治工作特别是军事工作更加熟悉；第二是朝鲜战争的后勤工作太难搞，担心搞不好，搞砸了，没办法交代！

眼见着是个吃力难办的事，他不想兼，又不好提议让别人兼，就只有闷着，一言不发。

洪学智不说话，其他几个人发言倒是积极踊跃的。邓华、韩先楚、解方、杜平，你一言，他一语，都说洪学智兼好。

沉默了一会儿，洪学智终于忍不住了，开腔道："我不能兼这个后勤司令。"

洪学智的反应，让彭德怀有些意外。

自入朝以来，与彭德怀联系最密切、相处最久的就是洪学智，他们并肩战斗朝夕相处，不仅彼此熟悉相互的性情、工作方法和思路，二人之间还形成了独有的默契和互补，朝鲜战事纷纭复杂，状况万端，在一些看法可能僵持的时候，包括邓华、韩先楚在内的志司的领导都会说：老洪，你去，你在彭总面前最有办法。

洪学智的态度，让彭德怀有些不太高兴了。在他心里，早已认定这个精明果敢、足智多谋的洪大个子是后勤司令的不二人选。他不干，谁干？

于是，彭德怀问："这个后勤司令，你不干，谁干？"

洪学智提出由邓华、韩先楚兼，但他们每个人都说了自己不能兼的理由。彭德怀也不表态。洪学智只好继续说，让后方派李聚奎、周纯全来挑这副担子。

彭德怀虎着脸，摇头说："后方任务也很重，他们主要管那头的事。"

洪学智明白实在是推不掉了，再推下去非搞僵不可，于是就说："这个后勤司令我可以兼，但是得有两个条件，答应我这两个条件，就行。"

彭德怀见洪学智同意了，语气马上缓和了，问："什么条件呀？"

洪学智站了起来说："条件很简单，第一个条件是干不好就早点撤我的职，早点换成比我能干的同志。第二个条件是作为一名军事干部，我愿意做军事工作。抗美援朝完了，回国以后，不要再让我搞后勤了，还让我搞军事！"

面对如此光明磊落、襟怀坦荡的部属，彭德怀欣慰地笑出声来了："我当是什么呢，就这条件呀？行！赞成！同意你的意见。"

彭德怀轻松地转过身去又问邓华他们："你们几个看行不行？"

众人都一起笑着鼓掌。

**185**

每个人心里都清楚，出任这个位置，是面临多么巨大的考验。

于是，志愿军党委常委会一致通过，正式作出了洪学智兼任志愿军后方勤务司令部司令员的决定，并上报中央军委。

5月19日，中央军委作出了《加强志愿军后方勤务工作的决定》。该决定指出立即成立志愿军后方勤务司令部，负责管理朝鲜境内的一切后勤组织与设施（包括铁路、军事运输在内）。志愿军后方勤务司令部，直接受志愿军司令部首长领导。凡过去配属志愿军后方勤务部的各部队（如工兵、炮兵、公安、通信、运输、铁道兵各部队、工程部队和医院等），其建制序列及党、政、军工作领导和指挥以及供给关系等，今后统归志愿军后方勤务司令部负责。该决定任命洪学智兼任志愿军后方勤务司令部司令员，周纯全任政治委员，张明远任副司令员，杜者蘅任副政治

洪学智在主持志愿军后方勤务司令部会议。

委员，漆远渥任政治部主任。

6月，志愿军后方勤务司令部在原东北军区前方勤务指挥所基础上成立。

中央军委的决定，阐明了后勤在现代化战争中的地位和作用，扩大了后勤工作的职权和范围，标志着后勤由单一兵种向诸军兵种合成的重大转变，是志愿军后勤发展史上一个重要的指导性文件。

没有被名利熏染的权力才是真正有力量的权力。走马上任的洪学智，在他后方勤务司令的位置上，开始书写他个人也是人民解放军后勤历史上的宏幅巨篇。

**4.** 聂荣臻说："志愿军后勤工作的许多重大改进，都是洪学智同志在那里具体组织实施的。当时他是志愿军副司令兼后勤司令员，为改善后勤工作动了很多脑筋，想了很多办法，是很有成绩的。"

187

5月的朝鲜，大地在战火的缝隙中顽强地重返自然的季节，阳光普照下河水清流脉脉，群山披上青翠，在某些峭壁陡岩的山头，金灿灿的金达莱花明艳开放。

像大自然绽放生机，志愿军后方勤务司令部成立后，在洪学智的领导下，志愿军后勤的工作迅速改变面貌。

洪学智为志愿军后勤的工作付出了常人难以想象的艰辛。

为全面了解和掌握志愿军部队后勤的情况，他日夜兼程走遍了各个部队和库站沿线。美军飞机的轰炸，夜间山路的危险，他全然不顾。

1951年10月20日，金日成打电报到楠亭里志愿军后方勤务司令部，要洪学智到他的指挥部去一趟，说有要事商量。

金日成的指挥部在平壤附近。

第二天一早，洪学智便出发了。同行的还有志愿军后勤军需部部长张乃川，两人分坐两辆车，洪学智坐的是一辆美国吉普，车篷放下，并进行了很好的伪装。

大约中午时分，车子行驶到了三登。

三登是个不大的镇子，镇子上有一条小街，街西北头是一座很长的大桥，桥离地面很高。洪学智的车刚走到桥中间，4架美国飞机忽然从南面飞过来，直冲着吉普车俯冲下来。

司机大喊了一声："飞机！"

洪学智也看见了，他迅速四下一看，车正行在桥中间，前进后退都不行，躲也没地方躲，他心里一惊：不好！

飞机眨眼临近，黑色的尾标都清晰可见。危急关头，突然响起高射炮和高射机枪的射击声。敌机见势不妙，慌忙拉高爬升，掉转方向逃走了。洪学智高兴之余又很纳闷，这里怎么会有高射武器呢？他知道，之前发洪水时，这里的高炮营调到别处去了。

附近兵站和仓库的几位领导得到消息后跑过来。洪学智一问才知，三登火车站昨天晚上进来两列车粮食，由于粮多人少，一时卸不完，也疏散不了。一分部连夜临时从其他地区调来一个高炮连、一个高机连负责防空。这两个部队正好刚赶到，阵地还没准备好呢，就遇上敌机。

昨夜三登才有列车进来，今天敌人就来空袭，显然是得到了有效的情报。当时，敌人在后方安插了许多特务，通常化装成当地的朝鲜群众。显然，特务们没有把情况弄完全，不知道后半夜起这里武装了高炮。

兵站站长说，上次兵站遇袭我们挨过首长的批评，接受教训，这次我们提高了警惕。洪学智满意地表扬了站长说，今天幸亏你们这儿来了高炮，不然，不光运粮列车会受大损失，我恐怕也会报销在这儿了。

三登遇险后，洪学智叮嘱大家，不能光猛跑赶路了，走一会儿应停下来，听一听，有什么动静没有，有飞机声响没有，然后再跑一段。就这样，走走停停，一直到天黑才到了平壤附近。

为躲避美军飞机轰炸，朝鲜政府、金日成的指挥部、中国驻朝大使馆等都移在城外的山沟里。洪学智先去了大使馆，使馆离金日成的指挥部很近。大使倪志亮同金日成首相联系后，对洪学智说，安排在第二天晚上会见。

洪学智与倪志亮大使很熟悉，这次见了面，倪志亮很高兴，专门弄了些野鸡肉给洪学智吃。

大使馆有防空洞，但是太潮湿，洪学智等人住进外面另一间房子。洪学智住的屋子里盘了一个新的火炕，炕还没完全干，所以用盆煤火在烘烤。门还没有安装，但为了防空袭，门窗都用黑布帘子捂得很严实。警卫员和司机住在了另一间屋子里。

睡到半夜时分，洪学智醒了，觉得头晕眼花，胸闷得透不过气来。他想爬起来却没有劲，浑身软绵绵的。他感觉不对劲儿，硬挣扎着下了床，没走两步就跌倒了，头一下子磕在了门槛上，然后就昏过去了。

天亮后，洪学智醒来了。睁开眼一看，自己躺在地上，头枕在门槛上，不觉吃了一惊。仔细回忆了好一会儿，才想起自己是晕倒了。

洪学智是煤气中毒。他跌倒时，头枕在门槛上，头顶部伸到了门外，刚好把门上挂的棉布帘子给撞开了一道缝。就这一道缝隙，让新鲜空气进来了，因此使他的中毒状态逐步得到缓解。

正在这时倪志亮来了，见状，大吃一惊。他急忙将洪学智扶起来，两人在屋外坐了好一会儿，洪学智的神志才清醒了。洪学智把原委说了一遍，倪志亮听了唏嘘不已。

洪学智已经缓过来了，笑起来："真够险的。屋里只有我一个人，要是一直睡在炕上，也就完了。起来后，要不是跌倒把门帘子撞个缝儿，人也完了。"

傍晚，洪学智去指挥部见了金日成。

一见面，金日成就说："洪副司令，又要给你添麻烦了。"

洪学智展颜一笑说："要说麻烦，还是我们麻烦了您，志愿军还向朝鲜政府借过粮食嘛。有什么事情，您尽管说。"

金日成有些焦虑地说："现在前线敌我相持，已进入了阵地战。敌人飞机大炮对我方战区的轰炸、扫射很厉害，战区的老百姓生命财产受到很大损失，也没有什么粮食吃，所以我们想把他们疏散到后方来。但是由于前线的老百姓人数很多，光靠我们朝鲜政府和军队的力量，困难很大，因此想请志愿军往前方送粮食弹药的汽车，回返时把前线的老百姓接回来。今天请你来，就是想和你商量一下，这样行不行？"

洪学智立刻回答说："这没问题，我们可以承担。"

金日成思考了片刻，又说："你们接那些老百姓时，只要是能带的财物，尽量让他们带回来，这样到了后面，他们也能生活。"

洪学智说："好，请金首相放心，没问题。"

见志愿军领导人这么爽快，金日成高兴了，伸出手由衷地说："我代表战区的老百姓向你表示衷心的感谢。"

洪学智握住金日成的手说："这是义不容辞的。"

随后，他们又商议了落实的具体办法。

几个小时过去了，天晚了，金日成安排洪学智一起吃饭，又留他在使馆住了一晚。

第三天下午，洪学智惦记着志司，要赶回去。倪志亮一个劲儿地挽留说："你身体还没复原，工作又累，在这里再住两天，休息休息再走！"

洪学智说："一来家里工作很多，放心不下。二来我对你那个房子也发怵了，再也不敢在你这儿休息了。"

二人都笑起来。

191

返回时他们走的是小路。走出了大约 10 里远，碰见路边上有一个十几岁的朝鲜小男孩，男孩手里拿着一把刀，见了他们，也不说话，先是把刀一个劲儿地往天上指，接着又指指车。司机看不懂，想踩油门离开，洪学智觉得男孩子的举动有含义，就让司机先减速，把车开进了路边的一个小树林里，人进了树林边的河沟子里，下了车观察。

他们刚站定，就见一大批美军野马式飞机突然从山后面飞了出来，足有 20 多架。飞机在他们头上盘旋了好几圈，没有发现目标，飞走了。

飞机飞走好远了，司机和几个警卫员还仰脸望着天，然后，大家面面相觑："首长你的命真大呀！"

洪学智自己也点点头说："是命大呀，这三天里连着 3 次遇险，都没死掉。"

多年后，许多后勤史专家在研究讨论总结抗美援朝战争中的后勤经验时，无不钦佩洪学智卓越的智慧才干，但鲜有人知道，堪称辉煌的抗美援朝后勤历史的铸造，是洪学智以及许多像他一样在后勤战线上的同志在战火中用鲜血和生命写就的。

洪学智兼任志后司令后，志愿军有了健全的后方组织指挥机构。他首先抓了后勤队伍和组织机构的建设，迅速充实了运输、装卸、警卫、工兵和通信部队。他开创性地建立了集中统一的后勤指挥体系，形成合成军队后勤的组织结构。

志愿军后勤司令部成立后，除统一指挥配属后勤系统的工程兵、高炮兵、铁道兵、通信兵以及公安、运输等部队外，还负责统一管理朝鲜境内志愿军一切后勤组织与设施，并迅速建成以志后、5 个分部、23 个兵站为骨架的供应网络，形成了统一指挥，前后左右贯通，能打、能防、能运、能供的全能保障体系，实现了由单一兵种后勤向诸兵种合成军队后勤的转变，开始了诸兵种协同后勤作战，既有利于加强后方建设，又便于开展后方对敌斗争，一面组织供应，保障作战需要，极大地增强了志愿军后勤的保障能力，使志愿军后勤建设进入新的阶段。

其次，他要求开展后勤业务建设，建立健全了各项规章制度，使各项工作逐步规范化、制度化。如运输工作实行"分段包运制"，在运输手续上实行分清发、运、收三方责任的三联单办法，还制定了《战时汽车技术人员评定等级暂行办法》《汽车运输立功奖励暂行办法》和《汽车油料消耗标准》等。军械工作制定了作战部队由前沿兵站借取弹药的规定规章制度。志愿军各级后勤部门，通过举办各种轮训班、集训队，采取以师带徒等办法，培训了后勤专业技术人员。1952 年共培训卫生员 1.5 万人，汽车司机 1.2 万人，军需、军械、油料等专业人员 7000 多人。

洪学智深知政治工作在军队中的重要作用，在组建志后各业务部门的同时，他着手组建了志后政治部，健全了各级后勤政治机关，以进一步开展政治思想工作、加强思想和作风建设。

1951年8月，志愿军召开第二届后勤会议。洪学智在会上做了总结报告，在报告中，他回顾了入朝10个月来的后勤工作，并就"如何改善今后的工作"，提出要求：

一、全军关心，大家动手来搞后勤工作。

甲、各级部队首长，须有专人负责后勤工作，使作战与供应密切结合，更好地推动后勤工作。

乙、发动部队帮助修路、挖筑掩体。并号召部队爱护物资，注意搜集缴获敌人的物资及车辆，以便补充自己。

丙、加强后勤部门的干部，特别是加强运输部队的干部及必要的工兵与警卫部队的干部。

二、充分发挥现有车辆运输力，提高运输效率。

洪学智专门提出，后勤工作要发扬老老实实的态度，互相信任，讲老实话。反对搞小家务，乱抓一把，打埋伏，钻空子，假报、虚报等恶劣作风。

60余年后的今天，从事后勤工作和后勤史研究的人们重温洪学智当年的讲话，不能不为一代开拓者的深谋远虑与高瞻远瞩而深深折服。

　　洪学智的另一个重大建树，是创造性地实行划区供应与建制供应相结合，把战役后方的稳定性与战术后方的机动性紧密结合起来。即把祖国口岸到一线各军之间划为战役后方，划分若干供应区，设立分部对各军实施供应；再把军后勤至前沿阵地划为战术后方，由军以下部队按建制供应。

　　运动战时期，志愿军后勤工作继承国内解放战争后期的经验，由各分部按照作战方向部署兵站，通过兵站线的延伸对部队实施跟进保障。由于战场狭窄，分部与兵团后勤、军后勤之间缺乏明确分工，形成后勤机构重叠，供应层次不清，战役后方与战术后方互相交叉，不利于发挥各自的主动性和积极性，甚至出现了互相依赖或重复供应等混乱现象。

　　转入阵地作战以后，志愿军后勤负责供应的部队陆续增加到17个军、6个炮兵师、4个高炮师、1个坦克师，另有骡马6万多匹。部队的技术装备也不断改善，后勤供应的任务大大加重，矛盾更加突出了。彭德怀对这种状况很着急，洪学智更是寝食不安。采取什么形式和方法组织供应呢？

　　20世纪50年代初，在对抗美援朝战争后勤工作进行总结时，洪学智回忆说："我跑了一些军、师、团后勤机关，还跑了一些前沿阵地，在总结运动战时期建设兵站运输线和开设供应站经验的基础上，根据战略方针和后方对敌斗争的要求，以及转入阵地作战后，战线相对稳定，各分部的力量得到了很大加强，交通运输条件有所改善、存积的物资日益增加等基本情况，提出了一种分区供应与建制供应相结合的供应体制方案。我向彭德怀汇报后，彭德怀认为这种改变很好，命令立即执行。"

这种供应体制把整个战区后方地域划分为战役的和战术的两个层次。从鸭绿江边至一线各军后勤之间为战役后方，构成志愿军后方地域。从军后勤至前沿阵地之间为战术后方，构成部队后方地域。战役后方由志愿军后勤根据总的作战方针、作战方向、部队部署和地形、道路等条件以及后勤自身的力量，划分供应区，开设兵站线，负责对本区的部队实施供应。战术后方取消兵团后勤，以军后勤为主体，仍按部队军、师、团系统实施建制供应。

这种后勤供应体制，不仅理顺了后勤供应关系，建立了良好的保障秩序，而且完全符合与作战指挥体制相一致的原则，大大提高了后勤保障的效率。实践证明，这种供应体制，适应朝鲜战区的地理、交通条件和作战要求，在战争中充分显示了它的优越性。

朝鲜是个半岛，美军不仅占有海空绝对优势，而且有丰富的登陆作战经验，随时都有实施两侧登陆，形成两面甚至三面作战的可能。洪学智认为，实行分区供应，各供应区互相联系，就在整个战区后方由南到北，从东到西，形成了前后、左右两个供应纵深，既能保证正面部队作战需要，又能解决两面或三面作战的后勤供应。分部直供到军，取消兵团后勤，军后勤不需要在分部管区内设置供应机构，避免了在朝鲜这样狭窄的战场上展开过多的重叠的后勤机构。

美军依仗其空中优势，给志愿军后勤供应造成极大困扰。面对这场无前后方之分的现代化立体战争，洪学智根据战场需要实行后勤保障战斗化，要求后勤履行"指挥战斗、组织供应"的双重职能。提出后勤部队要"在保障中进行战斗，在战斗中实施保障"，把后勤保障与后方防卫作战有机地统一起来，从而扭转了被动挨打的局面。战争初期与战争后期相比，志愿军的车辆损失率由 42.8％下降到 1.8％，物资损失率由 13.4％下降到 10.8％，运输效率提高 76％。三年中，后勤部队的战斗成果也异常显赫，仅志愿军直属后勤部队就击落敌机 109 架，击伤 600 余架。

聂荣臻曾经说过："志愿军后勤工作的许多重大改进，都是洪学智同志在那里具体组织实施的。当时他是志愿军副司令兼后勤司令员，为改善后勤工作动了很多脑筋，想了很多办法，是很有成绩的。"

197

# 第六章

## 反"绞杀战"

**1.** **"洪大个子，敌人把战争转到我们后方了。这是一场破坏与反破坏、绞杀与反绞杀的残酷斗争。你一定要千方百计打赢这场战役。"**

1951年7月10日，朝鲜停战谈判开始后，"联合国军"总司令李奇微命令美远东空军司令："在此谈判期间，应采取行动以充分发挥空中力量的全部能力，取得最大的效果，来惩罚在朝鲜战场任何地方的敌人。"8月，美军制定了"空中封锁交通线战役"（亦称"绞杀战"）计划，要用3个月的时间摧毁朝鲜北部的铁路系统，尽可能使"铁路运输陷于完全停顿的地步"，企图切断志愿军和人民军后方运输补给线，割裂志愿军和人民军前线与后方的联系，窒息志愿军和人民军的作战力量，以对朝中方面

1951 年 8 月至 1952 年 6 月，美军凭借空中优势，出动飞机 8.755 万余架次，妄图实施以摧毁朝鲜北方铁路系统为主要目标的"绞杀战"。图为美军飞机轰炸志愿军后方交通运输线。

施加军事压力，配合停战谈判。所谓"绞杀战"，即切断或割裂一个人身体的要害器官——咽喉，使其整个机体丧失行动能力。为此，美国空军把封锁交通线作为首要任务，动用了大部战斗轰炸机和全部战略轰炸机共约 1700 余架来执行这一任务。所以，"绞杀战"又称"阻隔战""窒息战"。

洪学智面临了人民解放军后勤历史上最严酷的时期。

1951 年 7 月下旬，朝鲜北部发生特大洪灾，几乎所有的公路路面全被冲坏，路基被冲塌，205 座公路桥梁全被冲垮。洪水所至，交通中断，堤防溃决，房屋坍塌，物资冲走，装备毁坏，人畜伤亡，其水势之猛、之急，持续时间之长，危害范围之广，为朝鲜近 40 年来所罕见。对这次洪水的防汛工作，志后及铁路有关部门事先是有准备的。7 月初就在沈阳召开了防洪会议。但是，由于洪水提前到来，损失巨大。

8 月中旬，美国空军开始实施"绞杀战"，重点轰炸桥梁。9 月至 12 月，美国空军在清川江以南的"三角地区"（新安州、价川、西浦）仅 73.5 公里的线路上，就投掷炸弹 3.8 万余枚，平均每两米投弹 1 枚。大量铁路、公路桥梁和路基遭严重破坏。到 8 月底，铁路桥梁遭破坏达 165 座次、公路达 459 次。

在远东空军司令部召开的记者发布会上，远东空军第 5 航空队司令埃佛勒斯特中将自信地告诉记者们："对铁路实施全面的阻滞突击，将能削弱敌人到如此程度，以至第 8 集团军发动一次攻势即可将其击溃，或者让敌人主动地把部队撤至满洲境内附近，以缩短其补给线。"

洪学智驻在成川香枫山的志愿军后方勤务司令部，正在夜以继日地指挥后方部队对付特大洪水的破坏，敌人趁火打劫发起的"绞杀战"战役，对洪学智来说真是雪上加霜。志后处于最困难、最危急的境地。

面对严峻形势，彭德怀对洪学智说："洪大个子，敌人把战争转到我们后方了。这是一场破坏与反破坏、绞杀与反绞杀的残酷斗争。前方是我的，后方是你的。你一定要千方百计打赢这场战役。情况随时向我报告！"

洪学智说："后勤必须要搞起来，这是关系到我军能不能取得最后胜利的关键。"

彭德怀把手一挥："你是后勤司令员，你去办吧！"

于是，朝鲜战场上的后方，一场抢运与阻拦的智斗开始了。

**2.** **在战斗中保障，在保障中战斗。洪学智率先提出在后勤保障工作中引入战斗化的概念，这是一个创造性的转变，更是人民解放军后勤史上历史性的转折。**

*201*

面对严峻局面，洪学智深感肩上担子的分量。他日不能安，夜不能寐，心急如焚！

洪学智意识到，必须将志愿军的后方铁道部队、工程部队、运输部队、公安部队、高射炮兵、航空兵和兵站、仓库、医院等联合投入作战，与敌人针锋相对地打的一场大规模的后方反"空中封锁"战役。

他及时提出"千条万条，运输是第一条"的口号，果断采取构建运输网络、组织接力运输、开展对空作战，随炸、随修、随通等一系列针对性措施，指挥打响了中国军队第一次诸兵种联合后勤战。志后从组织上健全和加强了防空、警戒、通信联络和工程保障部队的力量。要求沿途防空部队密切注视敌机活动情况，加强报警工作；加强警卫部队，对装卸点附近、库区周围反复搜剿，肃清敌特；工程桥梁部队加强对重要桥梁和路段的维修和保护。

洪学智第一步采取的措施，是迅速增调铁道兵、工程兵及二线部队抢修道路。

洪学智考虑到前方战事甚紧，急需粮弹，只靠后勤工兵部队的几个团抢修被破坏的铁路、公路，再修半年也修不好。此时邓华回国了，陈赓担任第二副司令员，洪学智就找他商量，提出问题的同时，也提出办法，他说："迅速增调铁道兵、工程兵；另外，得全军动手才行，除了一线部队，二线部队不管是机关、部队、勤杂人员，都要上。另外，发动朝鲜群众上阵，道路不通，大家都困难！"

陈赓表示同意，并提议开会研究决定。

会上，洪学智将经过反复思考的具体方案提出来，即："统一布置，合理分工。每个军、每个师、每个团明确包哪一段，限期完成。1个月之内无论如何也要全部通车。"针对有人觉得工程量太大不好完成的顾虑，陈赓严肃地指出："这同打仗一样，是战斗任务，白天干不完晚上干，夜以继日，全力以赴。"

当夜，洪学智又将方案进行了细化，将沿线划分成几段，每段规定了具体负责人。除了部队，他充分考虑了机关和当地群众中可参与的力量。方案完成，经陈赓过目，上报彭德怀。

彭德怀看了方案很高兴，说："真是瞌睡送枕头啊！我正为运输线发愁呢！这办法好！按这个方案下命令吧！"

1951 年 9 月 8 日，在志愿军党委会上，彭德怀又针对这项工作指示说："这是战斗任务，所有部队都要集中力量搞。要迅速恢复冲毁的公路，要普遍加宽公路，修几条标准公路，有战略价值。"

会后，志愿军二线部队 11 个军、9 个工兵团和志后 3 个工程大队，共数十万人，在朝鲜人民军和朝鲜群众的支援下，冒着敌机的轰炸扫射，掀起了一场规模巨大的抢修公路热潮。由于实行了分段包干负责的方法，工程进度明显加快。只用了 25 天，就把道路全部修通了。

在道路施工的同时，洪学智与彭德怀商讨后，上报中央，要求调派高射炮部队和空军对后方实施掩护。高射炮部队集中兵力保卫重点桥梁。

在建立起战斗化后勤指挥体制的基础上，志愿军后勤系统采取了三项主要措施：首先加强了防空哨。在运输线上，处处设哨，严密监视敌机活动，尽量减少轰炸损失。到第五次战役时，防空哨已发展成为后方对敌斗争的一支不可缺少的力量。担任防空哨的兵力达 7 个团又 2 个营，约 8204 人，在长达 2100 多公里的运输线上日夜监视敌机的活动。从单一的观察发展成为担负指挥车辆、维修道路、向导、收容掉队人员、盘查可疑人员、抓特务，以及抢救沿途遇险的车辆、伤员、物资等任务，有的防空哨还在沿途设立了开水站和汽车加水站。

洪学智十分重视做好各种物资的疏散、隐蔽、伪装防护工作。他发动大家开动脑筋，在一些地段设置各种形式的真假目标，以假乱真，以假隐真，迷惑敌机，消耗对方。

面对美军飞机的疯狂轰炸，洪学智提出了"在战斗中保障，在保障中战斗"的指示，调集高射炮部队开展了"战斗化后勤"的保障，加强对空火力，打击敌机。志愿军高炮部队从1951年2月入朝，逐步开展了对空作战。到反"绞杀战"时，担任掩护大宁江、清川江、大同江和沸流江桥的高炮部队有2个团又6个营，还有志后直属的4个高炮营部署在楠亭里、物开里地区，打击空袭之敌。

物开里是志愿军的一个重要物资集散地。"绞杀战"开始后，美军飞机几乎天天来轰炸。洪学智连续接到物开里被炸的报告，从中发现了敌机的活动规律。于是，他命令调集一个高炮营，携带12门高炮、4挺高射机枪入夜秘密进驻物开里。天亮后，第一批次的4架敌机来了。还未等他们丢下炸弹，隐蔽在树林中的高射炮突然开火，片刻之间将其全部击落。紧跟着俯冲而来的第二批次4架飞机来不及躲闪，又有一架被高炮击落，其余飞机见势不妙，拼命拉高往上蹿，逃跑了。志愿军的地面有如此严密的防空网，让美军的飞机着实吃了教训，再也不敢来了。

高炮打飞机旗开得胜，洪学智兴奋不已，传令嘉奖。

不久，志愿军公安 18 师 53 团战士庞林用步枪打落一架美空军 B–26 型轰炸机。

这些，在后勤系统引起极大的振奋，鼓舞了后勤人员对空作战的信心。

8 月，志司又增调高炮第 602 团和第 2 线各军以及坦克第 1 师所属的 15 个高炮营归志后指挥，分别配置在长林、顺安、阳德、中和、高原、释王寺附近，负责掩护后方交通。这样，后方高炮部队就达 4 个团、25 个营，大大增加了打击敌机的力量。

205

在战斗中保障，在保障中战斗。中国共产党自从有军队成立以来，洪学智率先提出在后勤保障工作中引入战斗化的概念，尽管此时紧张严酷的现实让他还没有时间做出完整系统的理论和概念中的总结，但是这些概念和方法已经在实际和实践中开展运用。

这是一个创造性的转变，更是人民解放军后勤史上历史性的转折。后勤战斗部队的加入，一改过去被压制挨打的局面，后勤工作从被动转为主动，形势大为改观。

美军第一阶段的绞杀失败后，从 9 月起，便改变手段，集中力量重点轰炸封锁清川江以南的新安州、西浦、价川的铁路"三角地区"。"绞杀战"进入了第二阶段。洪学智随即调整部署，以变应变，确立了"集中兵力，重点保卫"的原则，将掩护铁路的高炮部队增加到 4 个团又 25 个营。经报告彭德怀后，志愿军司令部又将掩护江桥和机场的 3 个高炮师大部调入"三角地区"，在铁路线上组成了 4 个防空区。12 月初，在"三角地区"及其附近目标的高射炮兵部队已达 3 个高炮师、4 个高炮团、23 个高炮营、1 个高机团和 1 个探照灯团，仅在"三角地区"的新安州至鱼波段和价川至顺川段，即集中了高射炮 7 个团又 8 个营。由于志愿军高炮火力的增强，狠狠地打击了美军空军的疯狂气焰，粉碎了敌人对"三角地区"的封锁破坏。从 1951 年 1 月至 6 月，志愿军担任掩护交通运输线的高射炮兵，共击落敌机 198 架，击伤 779 架，有效保卫了运输线重要地段的安全。

到了 9 月，志愿军空军采取轮换作战的方针，陆续转入作战。

志愿军空军部队正式投入作战，志愿军第一次有了自己的空中力量。洪学智抓紧这个时期，加强政治工作和思想动员。后勤系统各部门群情振奋。铁道部队、工兵部队通力合作，修筑了许多工程掩体，便于汽车和人遇到空袭时躲避；集中力量抢修被破坏的铁路、公路、桥梁，随炸随修，并用开辟迂回道路、架设公路便桥和过水路面桥，组织漕渡等，保证铁路、公路通车。

美军还向志愿军后方派遣了大批间谍，其任务主要是搜集情报、用信号向美军飞机指示轰炸目标、调查轰炸效果以及对志愿军后方指挥机关、重要仓库进行袭击和破坏等。洪学智接到这些报告，明确指示：间谍肯定多是化装成朝鲜群众，我们就发动群众，让人民群众雪亮的眼睛帮助我们识别。他要求志愿军各级后勤部门采取"严密防范，积极搜捕"的斗争方针，与朝鲜地方政府和人民群众携手，对潜入的特务分子进行清剿。这个做法果然效果明显，特务无处藏身，很快被揪出。据统计，在志愿军后方范围内歼捕的间谍计有 1289 名，缴获各种武器 205 件和一批器材。

**3.** **毛泽东高兴地说："吃的问题，也就是保证给养的问题，很久不能解决。当时不晓得挖洞子，把粮食放在洞子里，现在晓得了。每个师都有 3 个月粮食，都有仓库……"**

洪学智是个爱动脑子的人，又特别善于集思广益，他的才干在这个时期发挥到了极致。脑子里仿佛是装了一个发动器，那些摆在他面前的问题和困难，成为发动器的动力，不断启迪他从不枯竭的大脑。

在夏季防御作战后期，特别是秋季防御作战中，志愿军战士为防炮、防炸弹，在山上挖了一些"猫耳洞"。后来，又把这些"猫耳洞"挖深，把两个洞联结起来，形成了一个马蹄"U"形小坑道。敌人打炮时，战士们就进去隐藏；敌人步兵接近时，战士们便冲出来杀伤敌人。这就是坑道工事的雏形。

这种由战士们创造出来的坑道工事，在敌人炮兵、航空兵的猛烈火力轰击下，经受了考验，对保存志愿军有生力量，保证防御的稳定性，起了明显的作用，它是劣势装备的志愿军同优势装备的敌人作战的一种好方法。

这种工事一出现，洪学智立刻敏锐地意识到它的特别优势。他立刻报告了彭德怀。彭德怀也给予了很高的评价。志司于当年10月发出指示，要求进行推广。一个挖洞子热潮便在志愿军的防御前沿迅速地开展起来。战士们一手拿枪，一手拿钎，一边战斗，一边进行战场建设。

修筑坑道，工具是关键。初期，各部队靠自设小铁匠炉，搜集各种废弹、弹片和废铁，制造工具和器材。随着坑道工程规模不断扩大，施工工具和施工器材缺乏成了严重问题。为适应前方的需要，洪学智指示后勤部门在沈阳成立了器材处，统一负责工程作业器材的采购、加工和调拨，并在平壤、三登、阳德设立了器材站，供应各施工部队物资器材。

1952年2月，敌人发现了志愿军正在普遍构筑坑道工事后，有计划地以重炮、重型炸弹与毒气弹进行破坏。少数坑道由于不符合作战要求受到损失。还有一些坑道因地质选择不当，春季冰雪融化，出现坍塌，造成一些人员伤亡。

洪学智踏着初春半化半冻的泥泞的雨雪多次去坑道前沿实地

勘察，他发现，受损失的洞子在挖掘设计时本身就有问题，缺乏长远性和复杂性，没有充分考虑到可能会面临的危险。回来后，经过总结，志愿军司令部及时发出指示，对坑道的挖掘做了详细要求，提出坑道建设必须做到七防：防空、防炮、防毒（疫）、防雨、防潮、防火和防寒。根据这些要求，各部队改进了坑道顶部过薄、出口过少、幅员过小、不够隐蔽、不便运动和缺少生活设备等缺点，使坑道进一步完善，更能适应战术与长期作战的要求。

4月26日至5月1日，志愿军司令部召开军参谋长会议，统一了对坑道工事在防御作战中作用的认识。洪学智强调指出，构筑坑道工事不仅仅是为了防御敌人，保存我有生力量，更重要的是可以依托坑道工事有效地打击敌人。会议要求构筑坑道必须与各种野战工事相结合，必须与防御兵力相适应，必须有作战和生活设施，使之更符合战术要求，成为能防、能攻、能机动、能生活的完整体系，还具体规定了坑道工事的规格标准。

5月底，志愿军正面第一道防御阵地坑道工事基本完成。志司决定于6月开始在中和、沙里院、伊川、淮阳一线构筑第二防御地带，加大防御纵深，一下子抽调了约4个军的兵力参加。

8月底，正面战线志愿军第一梯队6个军即构筑坑道近200公里，堑壕、交通壕约650公里，各种火器掩体1万多个。在横贯朝鲜半岛250公里的整个战线，形成了具有20—30公里纵深、

209

以坑道为骨干、支撑点式的阵地防御体系。此外，东西海岸也重点构筑了坑道工事。

以坑道为骨干的支撑点式防御体系，是堑壕防御体系与支撑点防御体系的发展，是志愿军在抗美援朝战争中的新创造。这种防御体系的形成，标志着志愿军防御作战进入了一个新的阶段。它不仅在防御中能抗击敌人的强大火力袭击，有效地保存自己的有生力量，而且在进攻中还可以以它为依托，减少部队的伤亡，提高进攻的突然性。

从 5 月以后，随着志愿军阵地的日益巩固，志愿军在全线开展了有组织、有计划的小分队战斗活动，挤占中间地带，主动攻击敌人突出的连、排支撑点。由于战斗愈来愈主动，很快将敌我双方斗争的焦点推向了敌人阵地。

在挤占中间地带、攻取敌前沿支撑点的同时，在全线普遍开展冷枪冷炮的狙击活动。每一个阵地都组织了特等射手、神枪手，依托阵地捕歼敌人暴露目标。5 月至 8 月，仅狙击活动就杀伤敌人 1.3 万人，志愿军伤亡则大大减少，比运动战时期的每月平均伤亡数减少到三分之二，显示了坑道工事的巨大优越性，志愿军阵地获得了空前巩固。

前线阵地巩固，后方的运输仍然是后勤保障的重头。西清川江、东大同江和东沸流江桥被冲毁后，由于敌人昼夜不停地轰炸，加上地势险要，桥梁短期难以修复。志后研究后，决定集中

志愿军后勤指战员向阵地运送弹药。

4个大站和1000多辆汽车,采取铁路、公路、漕运联合倒运办法,先后倒运物资近2000车皮。这就是著名的"倒三江"。这种倒运、漕运、接运办法是在洪水泛滥、敌机轰炸情况下创造的一种特殊的运输形式,它达到了路断、桥断而运输不断的目的。

一些新修复的铁路桥承受能力低,承受不了火车头的重量。志愿军铁道兵发挥聪明才智,想出一个好办法,在桥的一边用火车头把装有物资的车皮推过江,上百吨重的火车头不登桥,顶过桥的车皮，再由等候在另一边的火车头拉走。这种方法，当时被称为"顶牛过江"。

为了充分利用有限的通车时间，发挥最大的运输效益，通过更多的列车，铁路运输部门创造了一种密集的列车片面续行法，又称"赶羊过路"行车法。即在通车的当晚，事先把早已装载停当的军用列车集结在抢修现场附近的一个或几个安全区段上，等待抢修部队修通；一经修通，列车立即一列紧跟一列向同一个方向行驶，各列车之间只相差几分钟，首尾相望，鱼贯而行，每列车的尾部都有人随时准备敲响弹壳或钢轨，给后面的列车报警，以防追尾相撞。

同时，志后组织汽车、马车、人力车在火车暂不能通行的地段进行长区段的倒运、接运的应急措施。抽调了6个汽车团和大批装卸部队，在"三角地区"以北的北松里、龙兴里、球场、价川将大量物资卸下火车后，马上分秒必争地用汽车把物资倒运到顺川、德川、渔坡等地，再装上等待在那里的火车运往前线。在紧急的情况下，还采取了汽车远程直达的办法。

在美军飞机改变空中封锁的战略战术后，洪学智要求高炮部队根据敌机活动规律的变化，在作战指导思想上从原来的"集中兵力、重点保卫"转变成"重点保卫、机动作战"，采取"高射炮打游击"的办法，"像我们当年在抗日战争时期的游击队一样，不让敌人摸到规律"。这一招十分有效，美军的飞机对下面的这些来去无形的高射炮部队摸不着头脑，常常处于被动挨打的地位。他们只是清楚地知道，不知道在什么时候，什么地方，自己机翼的下方，就会出现严阵以待的黑洞洞的炮口，一连串令他们心碎的炮弹会紧接着从这些洞口愤怒地射向自己。

志愿军转入阵地防御、坑道作战后，坑道里阴暗潮湿，终日不见阳光，只能靠灯光照明。由于事先缺乏准备，当时点的灯，五花八门，各式各样。有用搪瓷碗、茶缸做的，有用罐头盒、炮弹壳做的。在这些器皿上，加上一条棉花搓成的灯芯，灌满豆油，就成了灯。

但是问题也随之而来了。据计算，一个排 60 多米长的坑道中，要点 8 盏灯，全连起码要点 30 多盏。一个营、一个团都点起来，用油就相当可观了。如果点一个短时期，事情似乎还好办，长年累月地点，问题就更加不简单了。一个连驻守几条坑道，一个月就要耗油 400 斤。每个军每月实际上需油 10 万斤。因耗油量太大，供应不足，部队普遍挪用食油来照明，影响了生活。

为解决灯光小、烟大、费油的问题，切实做到食油不点灯、灯油不食用。志后紧急从国内购置马灯和其他油灯，并发动群众改进灯具。战士们用密封性较好的罐头盒代替搪瓷碗、茶缸，用铁皮卷成较长的灯嘴，填上棉花或灯草，使灯芯燃烧时不再直接对盛油的容器加热，从而减少了油的蒸发。战士们还开动脑筋，

213

在灯下垫一个装鸡蛋粉的空铁盒子，这样即便万一不小心碰倒了灯，洒在铁盒子里的油还可以倒回去重用，减少损失。点油灯容易使坑道内空气混浊、缺氧，长期呼吸这种空气，许多人得了慢性支气管炎。大家就想方设法减少油烟，在灯嘴上方倒扣一个铁盒子，在铁盒子中装上木炭，从灯嘴上升起的烟直接被木炭吸收，减轻了对空气的污染。战士们称这种灯为"节油无烟灯"。

坑道建在山腰，水源很缺，须从坑道外取水前送。有的水源离坑道很远，加上距离敌人阵地近，敌炮火封锁严密，用水补给十分困难。战斗激烈时，取水更加不易。坑道内战士常常喝不上水，许多同志嘴唇干裂、鼻孔出血，压缩饼干嚼在口中难以下咽。前沿部队想尽办法解决水的问题。

战争的情况千变万化，供应随时可能中断，坑道内必须尽量多储备水。最初挖石坑，利用汽油桶、水桶、炒面箱、罐头盒储水，这些方法储量有限，很难做到储备7—15天用水的规定。以后，志后统一供应水泥，在坑道内普遍修建了储水池，初步解决了大量储水的问题。

坑道用水实行用旧储新、随耗随补的办法。由于取水、送水往往要翻山越岭，通过敌人的火力封锁，战士们用薄铁皮和废汽车轮胎等材料，制造了一种特制的多格运水桶。在桶内做了多个隔断，即便一个部位中弹，也只会漏掉这一格的水，而不至于漏掉桶内所有的水。

志愿军后勤担架队涉水运送伤员。

　　冬天，江河湖泊到处都结上了一层厚厚的冰，战士们抓紧时机，刨出冰块，装进麻袋、草袋，车拉、人背、马驮，运回山上坑道。选择隐蔽地形和炮火死角地带挖掘冰窖，或利用山洞、矿洞、地沟之类，把一袋袋冰放入，盖上一些稻草、苇席，用以保寒和防尘防土，然后用土厚厚地埋上封紧。这样一个冰窖往往可以储冰数万斤以上。储存的冰块，可以保存到第二年六七月份而不融化，并且决不会发臭和生锈。1952 年冬，有一个团的干部战士一齐动手，在很短的时间内就储冰 60 多万斤，保证了全团在战斗激烈、后勤供应中断的情况下，一直有水喝、有水用。

1952 年上半年，在敌人实施其"绞杀战"之际，后方勤务部队开始了大规模的建设开掘地下仓库和半地下库，以防敌汽油弹破坏和敌机的扫射，储存物资和住人。

地下仓库主要有开掘式土洞库和石洞库两种。开掘式土洞库是由开掘式掩体演变而来的。初期的开掘式土洞库是在平地挖坑后，地面开窗，不外露目标，防空作用较好。但是遇雨漏水坍塌很多，洪水期容易被冲淹。后来选择的是在山背倾斜面上挖开掘式洞库。在避开水道、树多隐蔽、坡度小的山坡或山脚下掘开，使库体三面傍山做墙，一面建墙，盖一层库顶，上开天窗，外墙面开边窗，两端开门，库顶盖土后抹水泥或苫草防漏。库边挖沟排水。每库容量为 15—30 吨，即一车皮为一库。开掘式土洞库建成后只要略加伪装，即有一定防空防炮能力。

石洞库分为人工洞、矿洞、自然洞三种，都具有很好的防空效能，但仍有不同程度的坠石、坍塌、渗水、空气不流通、洪期潮湿等问题。所以主要用于存放弹药、军械等物资。人工洞是自行开凿的一种洞库，选择在山高坡陡、石质坚硬、构造完好、洞口隐蔽、交通方便处，避开流水部位开进。一般开凿两个洞口，做到能通风，进出方便。但工程量大，工期长，只适于后方兵站。

朝鲜有许多开采过的金矿、煤矿，这些矿洞给洪学智很深的印象，志司自入朝后数次迁移，都是住在矿洞内。能住人，为什么不能贮存物资呢？在他的指导下，志后的同志充分利用这些矿洞，经过修整处理，存放军械物资。

五六月间，志后共建了能容 1200 多个车皮物资的石洞库和能容 793 个车皮物资的土洞库，储备了大量的物资，改善和加强了对前沿部队的供应能力。

情况及时报告了中央。1952 年 8 月 4 日，毛泽东在中国人民政治协商会议第一届全国委员会常务委员会的会议上，很高兴地说："吃的问题，也就是保证给养的问题，很久不能解决。当时不晓得挖洞子，把粮食放在洞子里，现在晓得了。每个师都有 3 个月粮食，都有仓库……"

10 月 24 日以后，"三角地区"再度被封锁。

洪学智改变战略，确定了"集中兵力，打通咽喉地带"的方针。抢修部队又投入作战，经过 1 个多月的艰苦奋斗，再度打开了"三角地区"的封锁，12 月 9 日胜利通车。

敌变我变，工兵部队也想了很多好办法，在斗争中不断改进对付敌机轰炸的对策。

道路抢修部队修筑了许多大迂回线、便线、便桥。大迂回线，除了枢纽大站被敌炸毁后可以使列车绕过枢纽大站继续行驶，还能担当部分调车、装卸、列车交会作业。修便桥就是在正桥之外秘密再修简易桥。主桥被炸，仍能从便桥通车。便桥与主桥之间，距离1公里左右，以免两桥同时被炸毁。

修建迂回线就是建交通网，形成纵横交错的公路网，不再有瓶颈路段，也避免单条线拥堵。东方不亮西方亮，这条线被炸绕道走另一条线。

桥梁是美军飞机轰炸的主要目标，洪学智想到当年在苏北带领抗大打游击时用过"隐形河坝"的法子，和工兵们一起研究，想出了把桥藏起来的妙计，在水下铺设便桥、潜水桥。桥面离水面半米左右，河水既淹不了汽车的排气管，又把潜水桥隐蔽得严严实实。

美军无可奈何地承认："对铁路实行'绞杀战'的效果是令人失望的。""凡是炸断了的铁路，很少是在24小时内未能修复的。"

晚年时洪学智自己也曾回忆说："那些日子我吃不好，睡不安。今天在这里指挥隐蔽物资，明天在那里布置假目标，后天检查防空高炮部署……"确实，哪里是关键，他就亲自跑到哪里。关键的交通枢纽、渡口、敌机封锁地带，都常常出现他的身影。

在那些个夜以继日、惊心动魄的日子里，他夜不能寐，食不知味，殚精竭虑。

志愿军老兵们都说：志愿军后勤有人有物的地方，都会有洪副司令的身影；只要有一种新的对付敌人的办法，洪副司令准会到那里开会……

在铁路运输方面，铁道兵们创造了"抢22点"的方法。"绞杀战"中敌机轰炸铁路多在夜间22点至24点进行。志愿军便抓住22点之前的空隙时间，组织列车迅速通过封锁区。这种措施，简称为"抢22点"。

月圆期月光明亮，敌机易于捕捉目标，活动频繁，月亏期星光暗淡，敌机活动相对减少。志后就利用月亏集中突运。此外，阴、雨、雾、雪天等敌机难以活动的时机，都是后勤战士们大显身手的时机，白天行车，大胆突运，赢得了不少行车时间。

后勤装卸部队与铁路运输部门还注意密切配合，创造了人称"游击车站"和"羊拉屎式装卸"的站外"分散甩车、多点装卸"方法。分段装卸，目标小，速度快，行动隐蔽，即使遇到轰炸，损失也不严重。

对拆卸了的定时炸弹，来个废物利用。前方挖坑道正需要炸药，美国的大量定时炸弹正好补充。有时拆一颗大型定时炸弹，就可挖取不少炸药。特等功臣郭宝升1人拆掉了美国飞机投下的603枚定时炸弹，掏出了27吨炸药！

当时在朝鲜战场上流传着这样一句话："太阳是美国鬼子的，月亮是志愿军的。"志愿军因为没有空军掩护，行军作战和一切工作大都转入夜间进行。

进入坑道战时间不长，又一个问题出现了，部队大范围出现夜盲症。洪学智紧急派出卫生部门前去调查，结果很快报告上来：战士们长期吃炒面，营养不良，加上进入阵地战后一面战斗一面挖坑道，过度疲劳，特别是初进坑道，阴暗潮湿，很少见阳光，夜盲症主要是维生素 A 缺乏，得了这种病严重影响夜间作战能力。

洪学智十分焦虑。

解决夜盲症首先要解决营养不良。在他的协调下，紧急从国内运来一批花生、黄豆、蛋粉、新鲜蔬菜和动物肝脏等营养食品，但是因为数量少，杯水车薪，加上运送周期限制，一时难以大范围奏效。

怎么办？

洪学智叫来后勤人员，问他们，朝鲜多山，战争打了这么久，老百姓们的生活肯定也十分困难，他们为什么不会出现夜盲症问题呢？你们还是到老百姓中去想想办法。

一句话提醒了大家。后勤赶快派出熟悉当地情况的参谋助理，他们走访两天后高兴地回来报告：朝鲜老百姓中有两个治疗夜盲症的土法子。

第一个方法是煮松针汤喝。这个方法，据说还是中国古代民间传去的。第二次世界大战期间，日本人在南洋作战时用过，很有效。方法是把马尾松的针叶放在大锅里煮，煮 1 个多小时后，把针叶捞出，松针水沉淀后放上点白糖喝。没有白糖，干喝也行。连续喝六七天，眼睛就能看见了。

第二个方法是吃小蛤蟆骨朵儿。这个方法是把活的小蛤蟆骨朵儿捞来，放在茶缸子里，加水，搁点糖更好，连水带活蛤蟆骨朵儿一起喝下去。一天喝两三次，喝两天就见效，也很灵。

洪学智大喜过望：朝鲜漫山遍野都是马尾松林，不愁没有松针汤喝。朝鲜又到处是河，小蛤蟆骨朵儿也特别多，很容易搞到。他立刻让志后卫生部电告全军，推广这两个方法。

由于采用了这两个偏方，再加上食品供应不断改善，夜盲症很快就得到了控制。

彭德怀听报后连连说："好！好！"

1952年1月，美军在实施"绞杀战"的同时，竟然不顾国际公法，在朝鲜北部7个道、44个郡和中国东北等地区投撒大量带有致病细菌的媒介物。美军的罪恶行径，引起了中朝军民的无比义愤。

为了保证中朝军民及牲畜的健康，防止细菌疫病发展蔓延，在中共志愿军委员会统一领导下，由志后具体组织，采取群众性卫生运动与专业性防疫技术指导相结合的方法，开展了轰轰烈烈的反细菌战斗争。

3月7日，志愿军成立了由副司令员邓华、洪学智等组成的总防疫委员会。志后成立了总防疫办公室。自上而下层层建立防疫组织，形成反细菌战的完整体系，从组织上和技术上为粉碎细菌战打下了基础。制定各项防疫制度。开展群众性的防疫卫生运动。

广泛开展了反细菌战和防疫卫生常识的宣传教育，使大家端正思想认识，积极投入反细菌战的运动。

由于中共志愿军委员会和部队各级首长重视，防疫工作组织周密，措施及时得当，很快就控制了烈性传染病的发生，取得了反细菌战的胜利。

## 4. 中国军人身上的棉衣是一个信号，对美国人来说，这是一个明确且危险的信号。在现实面前，美国人不得不承认，他们精心设置的"绞杀战"宣告失败。

由于洪水的影响，志愿军部队的粮食供应极为紧张，洪学智向彭德怀建议，向朝鲜政府筹借一部分粮食，彭德怀同意了。

1952年9月18日，洪学智前往平壤，拜会金日成。

他把志愿军粮食极度缺乏的情况向金日成作了介绍，希望朝鲜政府能帮助志愿军筹措一部分粮食，以供一线部队作战之急需。

金日成表示，尽管我们自己也很困难，但凡是朝鲜能解决的问题，我们一定设法解决。

从 11 月开始，朝鲜政府从各地拨给志愿军粮食 5.4 万吨、盐鱼 1 千吨、青菜、萝卜 3 千吨以及两个月的马草、烧柴。

回来的路上，天下起了雨，望着阴沉的天空洪学智心里一点也轻松不起来。阴雨连绵，天气一天天凉起来了，马上就要进入冬季了，换装的日子就要到了。洪学智对当时部队因匆忙入朝，冬装配备不齐而发生严重冻伤的惨痛教训铭刻在心。他十分明白，敌人一旦破坏掉志愿军的运输线，志愿军极有可能重蹈覆辙。

洪学智向彭德怀建议，提前抢运冬装。

接受了上半年在三登发生的夏装被炸教训，志后规定，由火车、汽车载运的冬装一到转运站或分发地，立即发放各单位，来不及拉走的，则迅速组织搬运力量，力争当夜藏入附近坚固的仓库，隐蔽保管，不给敌机发现和破坏的机会。

夜晚发放极易搞错。为避免在没有照明的情况下发放错误，保管人员战前多次练兵，事先熟悉各种不同包装的式样，做出不同记号。

9 月 10 日，彭德怀下令"后方机关及无战斗任务的部队，应集中一切力量运棉衣，求得 9 月底 10 月初发齐"。

在敌人对"三角地区"（新安州、价川、西浦）的疯狂轰炸的形势下，志愿军后方勤务系统紧张而有秩序地展开了抢运冬装工作。各特种兵组织汽车到安东自运。其余 955 车皮用火车采取

"片面续行法"运到朝鲜，再由二线部队组织力量到铁路运输终点接运，然后人背马驮，把冬装从卸车点运回部队。由于组织严密，不但运送快，损失也只占全部冬装143万套的0.52%。到9月底，志愿军指战员全部穿上了棉衣。

当身着崭新棉军装的志愿军战士出现在谈判地点板门店时，敌方的停战谈判代表都惊呆了。他们说："没想到轰炸得这么厉害，你们还能穿上棉衣，比我们还早。"

中国军人身上的棉衣是一个信号，对美国人来说，这是一个明确且危险的信号。美陆军将领不无深意地对穿着毛领飞行服的空军将领说："你们的阻隔战术失败了。"

中国人民解放军军事科学院军史研究员王天成，当时是志愿军总部敌情研究参谋。他回忆说：有一次，洪学智到朝鲜东海岸元山附近一条靠海岸的公路视察，在一座小山上看到一个汽车运输队集结在一起，一问才知道被敌机封锁在附近山林中。汽车团团长向他报告完情况后，洪学智一言不发地下了车，他看到这个地段前后较开阔，除了这一小片树林前后都没有遮挡，天一亮敌人很快就会发现。而此时，公路上敌机来来往往，炮弹不时落下。洪学智走到汽车队前面大声说：是共产党员的站出来！

一个，两个，五个，十个……汽车司机中的共产党员从队伍中走出在洪学智面前站成一排。洪学智说：前方的战友们在等着我们，我们早到一分钟，就能多挽救一个人的生命，我们的战斗

军列冒着敌人空中的严密封锁，通过刚刚修复的铁路。

就多一分胜利。这条公路是必经之路，敌人肯定要封锁，再等下去无济于事，天一亮损失会更大。现在，我命令，是共产党员的跟我走，冲破敌机封锁线！

话一说完，洪学智转身上了自己的吉普车，带头冲上公路。激动不已的团长含着泪一声喊：是共产党员的冲上去！司机们都立即上车，迅速开动。

在飞机炸弹爆炸声中，车队一辆接一辆冲上公路，贴着山边行驶，左闪右躲，车队扬起的漫天尘土，有效地遮挡了敌机的视线。经过一番惊险的冲刺，终于冲破了这一段封锁线。

车轮滚滚，运输线不断前伸，作战部队得到源源不断的后勤供应。

美国人惊讶地发现："北朝鲜仍一直有火车在行驶！"

美国空军发言人公开声称："中国共产党不仅拥有几乎无限的人力，而且拥有相当大的建造力，共军在绕过被破坏的铁路桥梁方面表现了不可思议的技术和决心！……坦率地说，我认为他们是世界上最顽强的铁路修筑者！"

阵地战阶段从1951年6月11日起，到1953年7月27日止，共计两年零一个月的时间。在此期间，志愿军同以美军为主的"联合国军"进行了战役、战斗300余次，基本上再没有发生因粮弹供应不上而影响作战的现象。即使较大规模的上甘岭防御战役和1953年夏季进攻战役，也都得到了充分保障，不误战机。

上甘岭战役是1952年11月25日进行的。以美军为主的"联合国军"集结重兵，在金化以北上甘岭地区志愿军的两个连阵地发起进攻。志愿军随即组织防御作战。

上甘岭的两个高地，面积仅3.7平方公里。在这次战役中，敌人先后投入3个师约6万人的兵力，出动飞机3000多架次，投掷重磅炸弹5000多枚，使用大口径火炮324门，发射炮弹

190 多万发，出动坦克 175 辆，总共消耗弹药、油料等各种作战物资 20 万吨。志愿军先后投入兵力近 4 万人，消耗物资 1.1 万吨，其中弹药 5330 吨。敌人的进攻非常猛烈，先后发起大大小小的冲击 678 次，日夜不停地向志愿军阵地倾泻"钢铁弹雨"，山头被削低了 2 米，山顶岩石被炸成粉末，深达一米多。志愿军依托坑道作战，打退了敌人一次又一次的进攻，守住阵地，共歼敌 2.5 万人，击落击伤敌机 274 架，取得了上甘岭战役的胜利。

上甘岭战役使志愿军的后勤保障工作经受了一次严峻的考验。众多部队连续激战 43 天，平均每天仅弹药就消耗 120 多吨。全战役共供应物资 1.6 万吨，平均每天有 180 台汽车运送物资，还组织了 8566 人担任火线运输，将粮食、弹药送到每一个阵地，真正做到了志后所要求的："前方要什么，就送什么，哪里需要，就送到哪里。"战役结束后，担任此作战的主力部队第十五军全体指战员致电感谢后勤部队的大力支援。总后勤部也从国内发电祝贺，指出："此次前线部队取得光辉的胜利，是和志后成功的支援分不开的。"

1951 年 1 月到 1952 年 2 月，是"绞杀战"最疯狂的阶段，美军飞机轰炸量增加几倍，志愿军物资运输量却反而增加了两倍以上。前线官兵交口称赞志愿军运输线是"钢铁运输线"，是赢得战争的"生命线"。战争初期与战争后期相比，车辆损失率由

42.8%下降到1.8%，物资损失率由13.4%下降到10.8%，运输效率提高76%。

整个抗美援朝战争中，志愿军后勤通过铁路运送物资52万余车，约800万吨，汽车运输700余万辆次，约430万吨，行驶3.2亿余千米；参加火线运输的先后有33个辎重团、64个运输营、448个运输连以及各种畜力车、手推车、自行车共8.5万辆；抢修铁路1400余处次、660余千米，桥梁2200余座次；击落袭击交通线的敌机2390架。前线官兵交口称赞志愿军的运输线是"打不断、炸不烂、冲不垮"的钢铁运输线，是赢得战争的"生命线"。在现实面前，美国人不得不承认，他们精心设置的"绞杀战"宣告失败。

1951年6月，美国远东空军负责物资器材保障的副参谋长达尔·阿尔基尔准将说："在朝鲜的美军官兵们常说，他们都希望在战争结束后能会见一个人，这个人就是共军的后勤部部长。"这位经验丰富的后勤专家说：

"面临这一切（空中袭击）阻碍，他究竟是怎样地保障了补给品的运输，使它不致中断，这是一件深有奥秘的事情。"

"他不顾对方的空中优势、火力优势、强大的兵力和猛烈的轰炸而完成了这项工作。"

# 第七章

## "我要是做了参谋总长的话，你跑不了做后勤工作"

## 1. "如果论功行赏的话，这个勋章应该归功于两个'麻子'。"

1952 年 5 月 26 日至 6 月 3 日，志后在成川香枫山召开了第三届后勤会议。

会上，首先传达了朱德、陈云等中央领导同志在全军后勤会议上关于军队要树立全局观点，要紧缩军费开支，支援国家建设和进一步加强后勤建设的指示精神。洪学智在会上总结了自第二届后勤会议以来的后勤工作，他指出："九个月来的后勤工作，虽然遇到了敌机疯狂破坏和洪水灾害等不少困难，但整个供应得

　　1953年秋，洪学智与志愿军后勤司令部领导在驻地朝鲜成川香枫山合影。从右向左：霍嘉（干部部副部长）、贺大增（政治部副主任）、洪学智、张明远（副司令员）、李雪三（政治部主任罗文（参谋长）。

　　到了改善，保证了部队有饭吃、有衣穿、有弹打，伤员能及时抢救下来和治疗。"同时他也指出了后勤工作还存在执行制度不严、物资损失严重等问题。会议决定，今后要大力加强物资储备，并做好保管工作，严守制度，防止损失浪费。

　　由于全面加强了后勤建设，志愿军的后勤工作不断改善，综合保障能力得到明显提高。1952年9月，志愿军全部归还了入朝初期向朝鲜政府所借的粮食。后勤系统不但保证了各部队的给养供应，而且各军、师都成立了供销社，日常生活用品的供应也大大好转。部队开展战地种菜和副食品加工，自己做豆腐、生豆芽等。国内运往战区的物资更为丰富，部队的生活不断得到改善，不仅吃得饱，而且逐步吃得好。有的战士热情地赞道："四川榨菜到朝鲜，黄河鲤鱼上了山，生活不断有改善，后勤真是不简单！"

1953年春节，前线广大指战员入朝以来第一次吃上热气腾腾的肉馅饺子。

叶落枫红，秋光照眼。10月29日，洪学智从志后驻地香枫山驱车来到桧仓，参加志愿军党委会议。

会议一开始，彭德怀传达了党中央关于精简节约的方针和毛主席、周总理的讲话精神。彭德怀发言时，他胸前佩戴了一枚硕大的勋章，闪闪发光，十分引人注目。那是一个星期前，朝鲜最高人民议会常任委员会，为表彰中国人民志愿军在援助朝鲜人民反抗美国侵略与保卫远东及世界和平事业中建立的伟大功勋，特地于中国人民志愿军出国作战一周年前夕授予彭德怀的。为了接受勋章，彭德怀还亲自去了一趟平壤。他的勋章是朝鲜最高级别的一级国旗勋章。

彭德怀传达完中央领导的讲话后，就开始研究讨论。洪学智仔细盯着彭德怀的勋章看了又看，说："好漂亮的勋章呀！"

彭德怀感慨地笑了笑说："抗美援朝已经一年了。一年来，我们付出了巨大的牺牲，但也取得了巨大的胜利，把敌人赶到了'三八线'，迫使他们坐下来谈判。朝鲜人民感谢我们，给我们授勋。我彭德怀去接受这个勋章，是作为志愿军的代表去的。"

彭德怀停住话语，意味深长地看了看洪学智，又看了看在座的党委成员，站起来，捧着勋章认真地说道："但是如果论功行赏的话，这个勋章应该归功于两个'麻子'，前方给洪学智，后方给高岗，我只是作为代表去接受这枚勋章。"

在座的人们神色都凝重起来。

彭德怀深沉地说："我为什么这么说呢？因为这两个人都是为我们志愿军搞后勤的，他们的工作是最艰苦的，他们做了大量的艰苦工作，没有他们的大量的艰苦的后方保障工作，我们就不可能取得这样大的胜利。"

彭德怀说："洪学智这个人能任劳任怨。"

这个话，彭德怀在毛泽东面前也讲过。

入冬后，奉彭德怀之命，洪学智再度回国，向中央军委和总后勤部汇报工作。一天晚上 7 点多钟，毛泽东主席接见了他。

毛泽东详细地询问了部队进入相持阶段后的作战情况、生活情况和后勤保障情况，指出："朝鲜战争，要做持久打算。"

汇报中间，毛主席身边的工作人员两次进来催促说，时间不早了，请主席休息。毛主席都没同意，谈话一直持续到晚上 11 点多钟。

第二天，洪学智又应邀去了陈云家。

穿着一件老式黑皮衣的陈云在自己简朴的客厅里接见了洪学智。陈云对志愿军的后勤供应和后方交通运输很关切，他说，还有哪些问题你们在前面解决不了，需要我们后面解决的，都要及时提出来。他还详细询问了前方敌我双方的态势和我军一年多来作战的经验教训，对志愿军总部的作战指挥很满意，连声说："不容易，你们在这么短的时间里，就扭转了朝鲜的战局，做到了这一步，不容易啊！"

谈话间，正好是吃饭时间，陈云留洪学智吃饭。他走到桌前一看，笑起来，陈云饭量极小，桌上只有三小碟菜和一小碗米饭。

洪学智说："这点东西还不够我一个人吃呢！"

陈云也笑了，说："还能不让你吃饱呀？尽你吃，吃饱。"

掌握着一个泱泱大国经济大权的陈云同志个人生活如此简单清廉，洪学智很有感触。

1952 年的春夏季，是个非常繁忙的季节，要组织后方的反"绞杀战"战役，要组织反"细菌战"，又要保障前沿部队构筑工事的物资器材，还要保证弹药粮食的正常前运。

4 月 6 日，洪学智正组织有关人员研究反细菌战部署和措施，忽然接到陈赓从桧仓打来的电话，说："彭总要回国，明天就走，走以前想见见你。"

洪学智赶到桧仓彭德怀的住所时，彭德怀正在和陈赓谈话。

233

彭德怀见洪学智进来就站起身来，上前紧握住着他的手说："学智同志，你辛苦了！"

在朝鲜的日子里，彭德怀对洪学智的称呼有两个，通常人前称洪大个儿，两人单独或者小范围时称他洪大麻子。此刻称他"学智同志"，洪学智感到了老总的不舍。

洪学智说："在彭总领导下做点具体工作，说不上什么辛苦。"

彭德怀说："我知道你那一摊子事情又多又杂，忙得很，本不想找你来了。不过，我这次回国，说是治病，实际上是军委让回去的，不一定再来了，所以还是见见你。"

一旁的陈赓说，彭总这次回国，要当军委常务副主席，主持军委日常工作。周总理太忙了，还兼着军委常务副主席，忙不过来，所以非要彭总回去不可。

彭德怀拉着洪学智对陈赓说："我回去以后，我在志愿军的一切职务，由陈赓同志代理，他是1922年的老党员，资格比我还老，你们要支持他的工作，配合好。"

彭德怀再次说了那句话："你洪学智同志能任劳任怨。"

陈赓很爱开玩笑，马上接着说："我在志愿军里的资格可没有学智同志老哟，我是后来的！"

洪学智对彭德怀说道："彭总，请你放心，我坚决服从陈赓同志的领导。"

彭德怀点头，欣慰地笑着说："好，好。"

陈赓大声说："什么服从不服从的，你把后方那摊子抓好了，就行了。"

临行前，彭德怀主持召开了志愿军党委会。在党委会快结束时，彭德怀问洪学智："学智同志，你还有什么事情没有？"

洪学智望着彭德怀，心里感慨万千。他随彭德怀抗美援朝到朝鲜，已经一年半了。志愿军在彭德怀总司令的领导下，面对强敌，无所畏惧，不怕牺牲，历尽艰辛，赢得了决定性的胜利，稳定了朝鲜局势，对世界和平事业作出了贡献。眼下自己挚爱和敬重的总司令要走了，同他说些什么呢？

洪学智说："彭总，你既然问我，我就说一句，我别的事情没有，就是希望你对我许下的诺言，别忘了。"

"诺言？什么诺言？"彭德怀似乎有些摸不着头脑，眯着眼睛琢磨着。

洪学智说："去年你在党委会上亲口答应过，我在志愿军搞后勤，等抗美援朝结束回国后，就不搞了。就是这话，当时党委讨论通过了。"

彭德怀布满皱纹的脸上漾起了笑容，微笑地作答："我要批评你呢！一个共产党员，为党做工作是无条件的。党叫干啥就干啥嘛！"

洪学智急了："老总，你可不能说话不算话，你当时是同意

235

了的呀！"

彭德怀笑得更舒畅了，说："形势变了，同意了的事情也是可以改变的嘛！你不说我倒忘了，你提醒得对。我告诉你，回国后，我要是做了参谋总长的话，你跑不了做后勤工作！"

彭德怀说到这儿，大家都笑了，彭德怀自己也笑了。只有洪学智没有笑，也没有再吭声了。

## 2. 在一次战役中投入如此庞大复杂种类繁多的后勤力量，在人民解放军的历史上也是绝无仅有的。洪学智在抗美援朝的战场上再一次书写下波澜壮阔的一笔。

1953 年 5 月 13 日至 7 月 27 日，志愿军为了配合停战谈判，促进停战早日实现，发起了夏季进攻战役。

夏季进攻战役是志愿军和朝鲜人民军转入阵地战以后规模最大的一次战役。先后有 10 个军参战，投入兵力 53 万余人，火炮 4000 多门。在宽达 200 公里的正面战线上，发起大小战斗 133 次。为保障这次战役的胜利，志后决定以二分部为主组织供应，一、四、五分部予以支援，并从直属机关和各二线分部抽调 100 名干部和 4 个汽车团、3 个辎重团、6 个工兵、2 个弹药库，以及部分医疗队、手术队、护送队加强二分部。为使运输道路畅通无阻，志后投入 2 个警卫团、6 个辎重营、2 个工兵团又 26 个工兵连的力量，维护战役后方道路。二十兵团抽调 6 个步兵团、10 个工兵连的力量，维护战术后方道路。前后方维护道路的总人数约 3 万人。战前，各作战军除按常备标准配齐弹药外，还按作战任务和预计消耗，加大了弹药储备量。同时，给各部队配齐了 1 个月用量的油料，前沿兵站和基地兵站各储备油料 1 个月量，给养 3 个月量。根据作战意图和战役规模，确定了各级医疗后送站的救治范围，抽调技术人员支援各军、师，重点加强师一级的手术力量，还在二分部地域运输干线上设立 39 个救护站、22 个包扎所、46 个抢救组。战役发起后，志后又集中 11 个汽车团的运力，先后调运 5180 辆汽车和 433 节火车皮的弹药支援主要方向上的各军。

### 中国人民志愿军战果统计表

| 类　　型 | 数　　量 |
| --- | --- |
| 毙伤俘敌 | 71 万余人 |
| 击毁和缴获飞机 | 4268 架 |
| 击毁和缴获坦克 | 1492 辆 |
| 击毁和缴获装甲车 | 92 辆 |
| 击毁和缴获汽车 | 7949 辆 |
| 缴获（不含击毁）各种炮 | 4037 门 |

238

在一次战役中投入如此庞大复杂种类繁多的后勤力量，在人民解放军的历史上也是绝无仅有的。洪学智在抗美援朝的战场上再一次书写下波澜壮阔的一笔。

这次战役，物资消耗空前巨大，在75天的战斗中，共供应各种作战物资6万吨，其中弹药消耗近3万吨，平均每天400吨。7月13日，即战役第三阶段（即金城反击战）发起攻击之日，炮兵在一次二十多分钟的火力突击中即消耗弹药1900余吨。由于后勤有足够的物资供应，保证了战役按计划进行，达到了预期的目的。共歼敌12.3万人，攻占阵地238平方公里，形成了对中、朝方面有利的态势，促进了停战的实现。

这次战役也是抗美援朝战争中的最后一次战役。在志愿军和朝鲜人民军的凌厉攻势下，敌军纷纷溃败，风声鹤唳。

在后勤强大的保障下，美军遭到了沉重打击。

美国《第8集团军简史》中有过这样描述：

令人难以置信的大量炮火在头上呼啸，在呼啸声中他们前仆后继攻击这个地区的大韩民国防线。在共军的猛攻下，前哨阵地一个接一个地被打垮了。志愿军一小时内即全线突破敌防御阵地。

金城一役，自 7 月 13 日发动，到 7 月 24 日罢战，历十余日，志愿军各路军共消灭敌军 8.7 万人，得地 190 平方公里，击毁美机 770 架，缴获坦克 36 辆、汽车 301 台、大炮 600 门、机枪 1500 挺，弹械粮饷堆积如山。

由于志愿军和朝鲜人民军的进攻势不可挡，迫使"联合国军"不得不接受停战。

1953 年 7 月 27 日，朝鲜停战协定在板门店签署。9 时 30 分，双方安全军官各 8 名，步入人大厅，按序站立，负责厅内警卫。稍后，双方出席签字仪式人员鱼贯入场，依次就座。10 时整，大厅内寂静无声，中朝代表团首席代表南日将军与"联合国军"首席代表哈里逊将军，在各自签字桌前就座，正式签约。随后，朝鲜人民军最高司令官金日成、中国人民志愿军司令员彭德怀及"联合国军"总司令克拉克分别在停战协定上签字。

克拉克上将后来在他的回忆录中描述签字时的心情时，用不无沮丧的语气说：

"我成了历史上第一位签订没有胜利的停战条约的美国陆军司令官。"

"我感到一种失望的痛苦。"

1953 年 7 月 27 日夜 10 时，朝鲜停战协定正式生效。

朝鲜战争自 1950 年 6 月 25 日爆发，到 1953 年 7 月 27 日签署停战协议，历时 37 个月。

当夜，在开城来凤庄志愿军代表团驻地，洪学智与彭德怀乘着月色，悄然登上来凤庄外一处高坡。

洪学智伫立坡顶，翘首东望。但见云淡风轻，月色正浓，远山空旷，星月依稀。

午夜 10 时，停火生效时刻到了，开城千家万户，忽然一齐拉开遮蔽灯火的防空黑纱窗，一时间万家灯火齐亮，一城光明尽起，流光溢彩，如银河骤落人间。洪学智驻足遥望，不由得心潮起伏，感慨万千。他知道，千里之外的祖国，首都北京及全国各地大小城镇，今夜无不万人空巷，人们皆涌上街头，高举着无数大小旗帜、火把，人们载歌载舞，彻夜狂欢，欢呼胜利，迎接和平。

### 3. 金日成见洪学智端着杯子过来，就微笑着说："我一定要敬你三杯。"

1953 年 7 月 31 日，彭德怀、邓华、杨得志、洪学智、李志民、李达等志愿军领导同志应邀来到平壤，参加朝鲜最高人民会议常务委员会举行的隆重授勋典礼。

授勋仪式结束后，朝鲜劳动党政治局宴请志愿军领导人。

席间，洪学智发现金日成首相一直盯着自己，他周围的人也都主动上来给自己敬酒。洪学智明白了，因为金日成对志司的几位领导都非常熟悉，有心要自己多喝点。洪学智知道自己不胜酒力，就在宴会开始前，藏了一条小手巾在手中。他手掌大，毛巾团成一团，握在掌心，不注意还真看不见。

彭德怀带着大家轮流给金日成敬酒。到了洪学智，他下决心喝了半杯，另外半杯悄悄倒在手巾里。虽然只喝了半杯，可脸已经红了。

经历了漫长的战争艰辛，烽火硝烟，鲜血生死，所有人都感慨万端。今天酒席之上，人人都放松了心情敞开了心扉，金日成也不例外。

见到洪学智过来，金日成高兴地笑了。在朝鲜的几年里，除了彭德怀，他和洪学智打交道最多，也很喜欢洪学智。金日成见洪学智端着杯子过来，就微笑着说："我一定要敬你三杯。"

金日成是海量，洪学智才刚刚一杯下去，他三杯已经见底。洪学智硬着头皮又喝了一杯，脚下已经不稳。金日成还在劝。他实在喝不了了，就拉住身边的邓华："伙计，我不行——喝不下去了——"

邓华笑呵呵地说："喝不下也得喝，老哥你今天得舍命陪君子！"

一旁的彭德怀也说："老洪，干，干了这一杯。"

洪学智只好又喝了两杯。

这下，他眼前都是花的，晕晕乎乎只看到一群人影晃来晃去。金日成、彭德怀、邓华、杨得志他们几个酒量好的，在一边比着喝。他们喝着喝着，还唱了起来，舞了起来。

洪学智也跟着唱，跟着舞。他挥着一只手，背着另一只手，脚下踩着点子，唱：

"多拉吉多拉吉多——拉——吉——"

金日成、彭德怀、邓华也在歌着，舞着，他们互相拥抱，连连说：胜利了，我们胜利了！

每个人都热泪盈眶。

洪学智也泪流满面。后来，他趴在桌上，醉了。

8月3日，在志司驻地桧仓举行了盛大的庆祝胜利的活动。晚上，在桧仓的地下石洞礼堂里举行了舞会，伴舞的是志愿军文工团的女文工团员。志愿军的领导们都到场了，连一向不喜欢跳舞的彭德怀也破例地到了。

经历了血火战争的人们，尽情释放他们对和平的热爱。在手风琴声里，人们敲击着脸盆、茶缸等各种物品，欢快地起舞。

彭德怀不会跳，但也没有走，坐在舞场一边，兴致勃勃地看着，拍着手，给大家助兴。这期间，有几位女同志多次邀请彭德怀跳舞，都被他一一谢绝了。后来，有一个小女孩走到彭德怀的跟前，仰着脸说："彭爷爷，我请你跳一个舞，行吗？"

彭德怀看着小女孩那样清水一样诚挚恳切的眼睛，说："我不会跳舞，但我接受你的邀请，我拉着你走一圈吧！"说完，彭德怀站起来，拉着小女孩的手，在舞场里走了一圈。

全场起立，热烈鼓掌。

作为志愿军的副司令员，洪学智跟随彭德怀入朝作战近3年时间，第一次看到彭德怀这样高兴，想到刚刚过去的几百个日夜里的艰苦卓绝，看着面前无数欢乐的笑脸，他心里热乎乎的，这个一向坚毅的汉子再一次热泪盈眶。

243

朝鲜停战的实现，标志着志愿军已经胜利地完成了祖国人民交给的"抗美援朝，保家卫国"的神圣使命，为保卫世界和平作出了重大贡献。这一胜利是中朝人民反对美帝国主义侵略的伟大胜利，是全世界爱好和平力量的胜利，是一次历史性的胜利。在近三年的战争中，由中国向朝鲜战场运送后勤物资9600多种、260多万吨；补充枪械48万多支（挺）、火炮1.3万门、汽车2.1万辆；救治伤员38.3万名、病员45.5万名；修复和新建铁路996公里，修复和新建公路1.06万公里，修建仓库1.53万个（座）、病房6900幢、简易营房7.06万座；等等。这是在洪学智领导下，志愿军后勤战线广大指战员在祖国人民和朝鲜人民的大力支援下，英勇顽强、艰苦奋斗的结果，他们对抗美援朝战争的胜利作出了不可磨灭的重大贡献。

### 志愿军援助朝鲜建设数据汇总

| 类 型 | 成 果 |
|---|---|
| 修复和援建项目 | 新建和修复 38 项较大工程 |
| | 修建完成各种建筑面积 20 余万平方米 |
| | 修建公共场所 881 座、民房 45412 间 |
| | 恢复和新建大小桥梁 4263 座 |
| | 修建堤坝 4096 条全长 430 公里 |
| | 修建大小水渠 2295 条全长 1218 公里 |
| 援助物资医疗 | 运输粮食物资 6.3 万多吨 |
| | 捐助粮食 1000 多万公斤 |
| | 衣物 58 万余件 |
| | 治病 188 万余人次 |

"联合国军"总司令李奇微说:"没有能够阻止住敌人运输其进行阵地战防御所需的补给品,也没有能够阻止住敌人将部队运入北朝鲜。"

美第 8 集团军司令范佛里特也不得不叹服,他在汉城告诉世界各国的记者们:"虽然联军的空军和海军尽了一切力量,企图阻断共产党的供应,然而共产党仍然以令人难以置信的顽强毅力，把物资运到前线，创造了惊人的奇迹。"

这一切，诠释了洪学智卓越的领导指挥才能。正是他，在风云万变、艰苦绝伦的朝鲜战场上，领导志愿军后勤各部队，建设了一条"打不断、炸不烂、冲不垮"的钢铁运输线，创造了我军后勤史上在极端艰难条件下确保战场供应的"奇迹"。

中共中央、中央军委对抗美援朝中的后勤保障给予充分肯定，毛泽东主席要求"研究朝鲜战争中后勤工作的状况和经验，以达到我军后勤工作现代化和正规化的目的"。朱德总司令称：抗美援朝战争的胜利，"后勤起一半的作用"。聂荣臻元帅指出："后勤战线上的辉煌成绩，是取得抗美援朝战争胜利的重要因素之一。"叶剑英元帅专门赋诗一首：

> 苦战三年依后勤，
> 敌机拦阻且投菌。
> 组成网状交通站，
> 保证弹粮给我军。

1975年美国出版的《大百科全书》指出："共产党中国军队后勤系统，在朝鲜战争中显示了令人惊奇的对作战部队进行补给的能力。"

这一句话，在 1975 年此书出版时，洪学智并不知道，因为那个时候，他正在遥远的东北某农场。

他当时并不知道，事隔多年，当年在战场上吃了苦头的美国人还记得他。

真正的军人，会对他佩服的对手念念不忘。

此前更早一些时间，英国还有一个著名的人物记得他。

2013 年 11 月，中央电视台科教频道播出了 12 集大型纪录片《不能忘却的伟大胜利》。片中的第 8 集，标题是：《一半功劳》。

片子一开头是这样讲述的：

1960 年 5 月，英国陆军元帅蒙哥马利出访中国，这是他第一次出访中国。

这位在第二次世界大战中，指挥了著名的阿拉曼战役和诺曼底登陆的杰出军事家，此行只做了 5 天的安排。在紧凑的行程中，蒙哥马利突然提出：想见一位中国将军。原因是，这位将军在朝鲜战争战场上，创造了惊人的奇迹。

这位中国将军就是洪学智。朝鲜战争时的志愿军后勤指挥官。在他的运筹帷幄下，志愿军后勤工作开创了人民解放军后勤工作现代化的先河，由此扬名于世。

朝鲜战争后，朝鲜民主主义人民共和国授予洪学智一级自由独立勋章两枚、一级国旗勋章一枚。

这些勋章和授勋证书，连同时任朝鲜民主主义人民共和国最高人民会议常任委员会委员长金枓奉的授勋信，如今一并被安徽金寨的洪学智纪念馆收藏。

授勋信全文如下：

洪学智同志：

247

　　你在抗美援朝打击侵略者的斗争中，建立了光荣伟大的功勋，这一功勋，朝鲜人民将永志不忘。全世界爱好和平的人民也莫不表示崇高的敬意。为此朝鲜民主主义人民共和国最高人民会议常任委员会特授予你自由独立一级勋章一枚，以表示朝鲜人民之挚爱和感谢，并望再接再厉为争取朝鲜反侵略战争的完全胜利结束而努力！

　　此致

敬礼

朝鲜民主主义人民共和国最高人民会议

常任委员会委员长　金枓奉

一九五一年十月二十五日

　　1989年4月，时任中央军委副秘书长的洪学智随中国党政代表团访问朝鲜。图为金日成首相与洪学智亲切握手。

　　金日成一生都十分珍惜他与洪学智之间历经战火的革命友情。1983年，洪学智率中国人民解放军代表团访问朝鲜，金日成主席给予了洪学智最高礼遇，并赠送珍贵礼品。

# 第八章

# 历史的评述

关于洪学智将军在抗美援朝战争中的重要作用，新华社在《洪学智同志生平》中，作了如下叙述：

1950 年 7 月，洪学智同志调任东北边防军第十三兵团副司令员。同年 10 月参加抗美援朝，任中国人民志愿军副司令员，协助彭德怀司令员指挥志愿军入朝作战。他分工负责司令部、特种兵和后勤工作，参与领导指挥了第一至五次战役和其他历次重大战役，提出了许多重要的建议和谋略，并在保证志愿军首脑机关的安全方面做了大量工作，受到彭德怀司令员的高度赞许。1951 年 6 月，兼任志愿军后勤司令部司令员，领导志愿军后勤指战员浴血奋战，在没有制空权和频繁遭受洪水袭击的情况下，建立起了"打不断、炸不烂、冲不垮"的钢铁运输线，粉碎了美军策划的"绞杀战"，保障了前线作战的物资供应，为夺取战争胜利起了重要作用。在战争中积累了一系列现代战争后勤保障经验，已成为我军后勤工作的宝贵财富。在抗美援朝战争中，他先后荣获朝鲜民主主义人民共和国一级国旗勋章一枚，一级自由独立勋章两枚。

250

## 主要参考文献

《毛泽东传》 逄先知、金冲及主编，中央文献出版社 2003 年版

《毛泽东年谱》 中共中央文献研究室编，中央文献出版社 2013 年版

《毛泽东军事文集》 中共中央文献研究室、中国人民解放军军事科学院编辑，军事科学出版社、中央文献出版社 1993 版

《毛泽东选集》第一卷 人民出版社 1991 年版

《毛泽东选集》第二卷 人民出版社 1991 年版

《建国以来毛泽东军事文稿》 军事科学出版社、中央文献出版社 2010 年版

《叶剑英传》 当代中国出版社 2006 年版

《聂荣臻回忆录》 聂荣臻著，解放军出版社 2007 年版

《彭德怀传》 当代中国出版社 2006 年版

《彭德怀自传》 彭德怀著，解放军文艺出版社 2002 年版

《彭德怀军事文选》 中央文献出版社 1988 年版

《洪学智回忆录》 洪学智著，解放军出版社 2007 年版

《第四野战军征战纪实》 魏碧海著，解放军文艺出版社 2000 年版

《中国人民解放军历史资料丛书》系列 解放军出版社

《中国人民解放军大事记》 军事科学出版社 1983 年版

《中国人民解放军战史系列》 军事科学出版社 1987 年版

《中国共产党历史》 中共党史出版社 2010 年版

《中国人民解放军战史》 军事科学出版社 1987 年版

《抗美援朝战争纪事》 解放军出版社 2000 年版

《漫长的战斗——美国人眼中的朝鲜战争》【美】约翰·托兰著，孟庆龙等译，中国社会科学出版社 1993 年版

《朝鲜战争》 王树增著，解放军出版社 2009 年版

《朝鲜：我们第一次战败》【美】贝文·亚历山大著，新星出版社 2013 年版

《断刀》（专题片）中央文献出版社 2009 年

《抗美援朝战争纪事》 洪学智著，解放军出版社 1990 年版

《在志愿军司令部的日子里》 扬迪著，解放军出版社 2003 年版

《巨人的较量》 齐德学著，辽宁人民出版社 2010 年版

《中国人民解放军解放战争史》（第一至五卷）军事科学出版社 1993 年版

《洪学智百年诞辰纪念文集》 金盾出版社 2013 年版

《洪学智同志生平》 新华社北京 2006.11.27 电

《战斗化后勤的五项建设》后勤工作通讯 1980 年第 6 期

《抗美援朝后勤工作经验总结——基本经验》 金盾出版社 1987 年版

《抗美援朝后勤工作经验总结——专业勤务》 金盾出版社 1987 年版

《抗美援朝后勤工作经验总结——战例选编》 金盾出版社 1987 年版

《当代中国军队的后勤工作》 中国社会科学出版社 1990 年版

《中国人民解放军历史资料丛书——后勤工作回忆史料》 解放军出版社 1999 年版

《洪学智后勤文选》（上、中、下） 洪学智著，金盾出版社 2001 年版

《当代中国军队的后勤工作》 胥光义著，中国社会科学出版社 1990 年版

《总后勤部：中国人民解放军后勤七十年》 解放军出版社 1999 年版

《中国人民解放军高级将领传——洪学智》 解放军出版社 2007

年版

　　《中国人民解放军全史——第六卷〈中国人民志愿军抗美援朝战史〉》 军事科学院军事历史研究部编著，军事科学出版社 2000 年版

　　《朝鲜战争中的美国空军》【美】劳伯特·F. 富特雷耳等著：中译本参考资料第 2 册　空军党委条令教材编审小组办公室 1963 年译

　　本书图片由洪学智将军亲属提供，主要选自《洪学智》画册（赵建伟主编，金盾出版社 2012 年印制）

责任编辑：茅友生

版式设计：姚　菲

**图书在版编目（CIP）数据**

跨过鸭绿江：洪学智朝鲜战场纪实／张子影 著．—北京：人民出版社，
　2021.1（2025.9 重印）

ISBN 978－7－01－022637－8

I.①跨⋯　II.①张⋯　III.①洪学智（1913–2006）–生平事迹②抗美援朝
　战争–史料　IV.① K825.2

中国版本图书馆 CIP 数据核字（2020）第 218268 号

## 跨过鸭绿江

KUAGUO YALUJIANG

——洪学智朝鲜战场纪实

张子影　著

人民出版社 出版发行

（100706　北京市东城区隆福寺街 99 号）

中煤（北京）印务有限公司印刷　新华书店经销

2021 年 1 月第 1 版　2025 年 9 月北京第 5 次印刷

开本：710 毫米 × 1000 毫米 1/16　印张：16.25

字数：208 千字

ISBN 978－7－01－022637－8　定价：79.00 元

邮购地址 100706　北京市东城区隆福寺街 99 号

人民东方图书销售中心　电话（010）65250042　65289539